Geheimes Hexenwissen

Ein Buch der Schatten

Ein Buch für junge Hexen und Hexer, in dem sie grundlegendes Wissen über die Magie und die Kunst der Hexerei finden

von

Saphiro de Mabon &
Dominicus da Franzis

© 2. Auflage, Copyright 2007 by Bohmeier Verlag, Germany-04315 Leipzig, Konstantinstr. 6, Tel.: +49 (0) 341-6812811 - Fax: +49 (0) 341-6811837, und immer erreichbar unter Fon: 0700-62442578 und unter unserer Internet-Homepage: www.magick-pur.de

© Covergestaltung und Konzeption von J. A. Davis

Gesamtherstellung: Bohmeier Verlag, Printed in Germany

ISBN 978-3-89094-347-3

Geheimes Hexenwissen

Ein Buch der Schatten

Ein Buch für junge Hexen und Hexer, in dem sie grundlegendes Wissen über die Magie und die Kunst der Hexerei finden

von

Saphiro de Mabon &
Dominicus da Franzis

Dunkle Nacht und heller Mondenschein
So soll's in den vier Winden sein
Die alle auf die Hexenrune hören
Hier kommen wir, dich zu beschwören.

Feuer, Wasser, Luft und Erdenreich
Stab, Pentakel und das Schwert zugleich
Sind versammelt hier an diesem Ort
Und machen wahr das Hexenwort.

Schnüre, Peitsche, Räucherfass und Besen
Und des Hexendolches mächtiges Wesen
Sie alle erwachen nun zu Leben
Während wir den Zauberfaden weben.

Königin des Himmels und der Hölle voller Macht
Gehörnter Jäger in finstrer Nacht
Verleiht unserem Zauber eure Kraft
Auf dass unser Wille Wirklichkeit erschafft.

Bei all der Kraft von Land und See
Bei all der Macht von Sonne und Mond
So wir tun, so wird es sein
Sprich den Zauber und es wird geschehen.

Inhaltsverzeichnis

Kapitel 1: Grundwissen

Die Kunst der Magie[1]

Das Praktizieren magischer Rituale und Zauber ist eine uralte Kunst, die es überall auf der Welt gibt.

Magie ist eine Kraft, welche psychische Energie mit Willenskraft verbindet, um „Übernatürliches“ zu bewirken, um Veränderungen herbeizuführen. Sie steigert den Fluss des Göttlichen in uns und kann ebenso für konstruktive wie für negative Zwecke eingesetzt werden.

Magie ist eine neutrale Kraft, die weder schlecht noch gut ist. Die Richtung (gut oder böse, weiß oder schwarz), in der diese Kraft wirkt, wird vom Ausübenden bestimmt.

Magie ist ein mächtiges Instrument. Und sie wirkt.

Deshalb: Überlege genau, was du dir wünschst; es könnte in Erfüllung gehen!

Die Große Göttin

SIE, die alles Leben hervorbringt, ist die dunkle Mutter, gleichsam die helle, lichte Seite des Mondes. IHRE Kraft ist die Fruchtbarkeit und das intuitive Wissen um die Gesetze der Natur. SIE erscheint uns als Erdgöttin, als Herrin des Wassers, des Gefühls und der Sternengöttin, die den Menschen Frieden bringt. IHRE Erscheinungsformen sind ebenso vielfältig wie ihre Namen:

ISIS, ASTARTE, INANNA, HEKATE, ARADIA; und viele, viele mehr.

SIE ist diejenige, die der Hexe die Kunst der Zauberei schenkt und das Wissen um die Heilkraft der Pflanzen und Steine lehrt.

IHR Symbol ist der Mond; er repräsentiert die Göttin in allen ihren Erscheinungsformen. Der zunehmende Mond ist der jugendliche, jungfräuliche Aspekt der Göttin. Der Vollmond ist die schwangere Göttin, die Mutter, die den Sonnengott unter ihrem Herzen trägt. Der abnehmende Mond ist die alte, weise Göttin, die sich zurückzieht, um sich zu erneuern und zu verjüngen. Der Neumond repräsentiert auf der einen Seite die alte und zerstörende Göttin, zum andern den jungen, belebenden Aspekt. Aus diesem Grund wird bei Neumond keinerlei Magie ausgeübt, da niemand sicher sein kann, welcher Aspekt die Magie aufnimmt, und ein Zauber so ins Gegenteil umschlagen kann.

---

1 Der Einfachheit halber, haben wir in den jeweiligen Abschnitten bei den Ritualen nur in einer Personenform geschrieben. Damit ist aber Grundsätzlich die Männliche und Weibliche Form gemeint. Wir, die Autoren, gehen davon aus, das du in der Lage sein wirst, dir die jeweiligen Zauber und Rituale deinen Bedürfnissen entsprechend umzuwandeln.

Der Gehörnte Gott

Das Leben des Gottes im Jahreslauf ist wie folgt:

- **Yule:** Der Sonnengott wird durch die Göttin geboren.
- **Imbolc:** Er löst sich von der Mutter und muss gegen den alten Gott (Winter) kämpfen und ihn töten
- **Ostara:** Er wird zum Herrscher der Vegetation, der Natur; Pan, rasend vor Gier nach Sexualität.
- **Beltane:** Er hält Hochzeit mit der Göttin und zeugt sich selbst.
- **Litha:** Er wird zum Sonnenkönig gekrönt, seine Unabhängigkeit geht verloren, er muss die Herrschaft über das Land antreten und mit der Göttin herrschen.
- **Lammas:** Der Sonnengott wird getötet und sein Blut wird für die Fruchtbarkeit über die Felder gegossen.
- **Mabon:** Er steigt hinab ins Totenreich, Übergang zur dunklen Jahreszeit.
- **Samhain:** Er wird zum König der Unterwelt, findet seine Mutter/Geliebte wieder. Beide herrschen nun gemeinsam in dieser Welt.

Der gehörnte Gott ist das Sinnbild des Jägers, die personifizierte Sexualität. Seine Hörner (oder das Geweih) sind das unübersehbare Zeichen seiner Macht und seiner Potenz. Gleichzeitig symbolisieren sie die Strahlen der Sonne, dessen Symbol sie ist, und krönen ihn als Gott. Seine Kraft schöpft er aus dem Urquell des Gefühls. Der Gott verkörpert die Lust und die Gier nach Vereinigung. Er ist wild und zärtlich zugleich, ein perfekter Herrscher, denn er opfert sein Leben für das seiner Untertanen. Der Gehörnte Gott ist nicht SATAN!!

Zwölf Grundregeln der Magie

1. **Niemandem Schaden zufügen.** Die Regel, durch rituelle Handlungen keinem Wesen Schaden zuzufügen, entspricht einer alten Tradition. Das kosmische Gesetz des dreifachen Rückschlags ist die Grundlage dieser Regel: Wer etwas aussendet, bekommt es dreifach zurück, ganz gleich, ob es sich um etwas Positives oder etwas Negatives handelt. Folglich ist diese Regel auch zu deinem Selbstschutz da.
2. **Magie wirkt selten unmittelbar.** Die meisten Rituale bringen erst nach einer Weile greifbare Resultate hervor. Oft scheinen diese dann nicht mehr in räumlichem oder zeitlichem Zusammenhang mit den Ritualen zu stehen.
3. **Magie erfordert Anstrengung.** Das Ergebnis der Rituale hängt ganz und gar von deinem persönlichen Einsatz ab: von der Zeit und Energie, die du investierst, als auch von deiner bewussten Aufmerksamkeit (vor allem aber von letzterem). Rituale verstärken und lenken kosmische Kräfte. Wer Rituale beiläufig ausführt oder sie – gedankenlos – verkürzt, kann niemals eine starke dynamische Konzentration von Kräften aufbauen.

4. **Magie erfordert in Materie manifestierte Energie.** Wer nicht bereit ist, die notwendigen Ausgaben auf sich zu nehmen, macht es sich zu leicht. Die erforderlichen Materialien müssen sorgfältig ausgewählt werden. Vieles kann man übrigens mit ein wenig Einsatz selbst herstellen.
5. **Magie ist eine göttliche Kunst.** Deshalb muss der Magier sich selbst und seine Hilfsmittel klar und rein halten. Er sollte die Bedeutung und den Nutzen der Rituale kennen und seine Gedanken immer auf das Ziel richten, das er anstrebt.
6. **Magie ist keine rein ernste Angelegenheit.** Konzentration ist dabei äußerst wichtig, aber auch Tanzen, Singen und Lachen sind angebracht, wenn es dich deinem Ziel näher bringt. Sei ruhig spontan, wenn du dich danach fühlst!
7. **Zielbewusstheit ist der zentrale Schlüssel.** Du musst genau wissen, was du erreichen willst, und alle Kraft und Aufmerksamkeit auf dieses Ziel richten. Bei jedem Ritual (bei jedem Zauber) musst du dir lebhaft vorstellen, dass das Gewünschte bereits erreicht ist, oder, anders ausgedrückt, klar und präzise visualisieren, dass das Ziel bereits Wirklichkeit geworden ist.
8. **Magie ist Glauben.** Wer nicht auf magische Rituale vertraut oder nicht an sie glaubt, fängt besser erst gar nicht damit an, denn er wird keine Ergebnisse erzielen.
9. **Magie ist dynamisch.** Dynamik ist die treibende Kraft im Universum und Magie muss mit voller Hingabe an das Universum ausgeführt werden. Auch die Ziele, die du mit Magie verwirklichen willst, müssen der Hingabe und liebevollen Zuwendung entspringen.
10. **Magie ist in erster Linie Konzentration.** Das Bündeln der Gedanken auf ein einziges, deutlich umrissenes Ziel ist die Grundlage jeglicher Magie.
11. **Magie nutzt existierende Kräfte.** Sie nutzt die Energien in uns und die Kräfte, die sich um uns herum verbergen, mit dem Ziel, Veränderungen zu bewirken.
12. **Magie hat auch eine dunkle Seite.** Die „schwarze" Magie zielt auf Vernichtung, Verfluchung, auf die Verursachung von Chaos, auf Verwirrung, auf Strafen, auf Rache und auf das Zufügen von Schmerzen ab. Schwarze Magie erfordert die gleiche Konzentration und absolute Zielgerichtetheit wie die „weiße", doch sie richtet sich letztlich auch gegen den Praktiker, der sich aufgrund des kosmischen Gesetzes des dreifachen Rückschlages in sehr große Gefahr begibt.

Glaubensinhalte

1. Göttlichkeit ist immanent (innerlich) und ebenso transzendent (äußerlich). Dies drückt sich aus durch „Du bist Gott" und „Du bist Göttin".
2. Göttlichkeit kann sich ebenso gut in männlicher wie auch in weiblicher Form manifestieren.
3. Es gibt eine Vielfalt von Göttern und Göttinnen, ob nun als einzelne Gottheiten oder als Facetten eines oder mehrerer Archetypen.

4. Der Natur gebührt Respekt und Liebe, da sie aus ihrem eigenen Recht heraus göttlich ist.
5. Unzufriedenheit und Misstrauen gegenüber „Möchtegern-Messias“ und Gurus führen zu ständigen Veränderungen und Wachstum.
6. Die Überzeugung, dass menschliche Wesen dazu bestimmt sind, ein Leben voller Freude, Liebe, Vergnügen und Heiterkeit zu führen.
7. Ein einfacher Satz ethischer und moralischer Grundsätze, der darauf basiert, anderen Menschen keinen Schaden zuzufügen. „Und schadet es keinem, tu was du willst!“
8. Das Wissen, dass der menschliche Geist und das menschliche Herz mit der richtigen Schulung und Absicht in der Lage sind, alle Zauber zu vollbringen, die jemals benötigt werden.
9. Die Wichtigkeit der Anerkennung der Sonnen-, Mond- und anderen Kreisläufe unseres Lebens und sie zu feiern.
10. Paganen widerstrebt es, eine Idee anzunehmen, die sie nicht persönlich erforscht haben; sie sind aber bereit, jedes hilfreiche Konzept zu übernehmen und einzusetzen, egal, woher dieses stammt.
11. Der Glaube, dass man sich durch sorgfältig geplante Bewusstseinsveränderungen auf das Ziel von Wachstum, Entwicklung und Gleichgewicht zu bewegen kann, indem man Methoden zur Unterstützung der Konzentration, Meditation und Ekstase einsetzt.

Die Bedeutung der Farben

Farben waren schon immer ein wichtiges Instrument in der Magie. Sie unterstützen das Unterbewusstsein, sich auf das gewünschte Ziel einzustellen. Jede Farbe hat bestimmte positive und negative Bedeutungen. Hier die wichtigsten Zusammenhänge:

Farbe	Positiv	Negativ
Blau	Spiritualität, Inspiration, Wahrheit, Treue, Ruhe, Gelassenheit, Friede, Hoffnung, Hingabe, Aufrichtigkeit, Intuition, Gerechtigkeit, Heilung.	Kälte, Distanziertheit, Depression, Melancholie, Tränen, Kummer, Apathie, Traurigkeit.
Braun	Gleichgewicht, Solidarität, Fruchtbarkeit, Reife, Ruhe, Neuanfang, Geborgenheit.	Extreme Buße, Verfall, Willenlosigkeit, Trennung.
Gelb	Weisheit, Intelligenz, geistige Regsamkeit, Denkvermögen, Zufriedenheit, Kreativität, Wachheit, Freiheitsliebe.	Schlechte Laune, Unlust, Zersplitterung, falsche Hoffnungen, Neid, Konkurrenz.
Grün	Gelassenheit, Erneuerung, Jugend, Heilung, Stabilität, Ruhe, Wachstum, Frühling, Überfluss, Wohlstand, Reichtum, Fruchtbarkeit, Leben, Natur, Erholung.	Neid, Krankheit, Feigheit, Knauserigkeit, Hass, Ärger, Disharmonie, Argwohn, Groll.
Grau/ Silbergrau	Vollkommene Neutralität, Diskretion, Ausgewogenheit.	Verdrängung, Einschränkung, Lebensangst, Distanziertheit, Vernebelung, Niederlage, Misserfolg.
Orange	Fröhlichkeit, Leben, Energie, Freude, Wärme, Kraft, Munterkeit, Aufheiterung.	Schwäche, Feigheit, Eifersucht, Misstrauen, Krankheit, Verfaulen und Absterben, Angst, Hass.
Purpur	Mystische Grenzerfahrung, spirituelle Kraft, universelles Bewusstsein, Gottvertrauen, gesellschaftliches Ansehen.	Egozentrik, Machtgehabe, Machtmissbrauch.
Rot	Wärme, Kraft, Sexualität, Mut, Liebe, Gesundheit, Vitalität, Leidenschaft, Erregung, Inspiration, Dynamik, Stimulans, Enthusiasmus, Geburt, Zeugung, Triumph.	Hass, Leidenschaft (unbeherrscht, primitiv), Übererregung, Angriff, Anarchie, Rebellion, Gefahr, Krieg, Blut, Gewalt, Grausamkeit, Rachgelüste.

Rosa	Verfeinerte Sinnlichkeit, seelische Empfindsamkeit, Glücksgefühl, Hingabe, Liebe, Vertrauen, Sensibilität, Träume.	Bezug zur Realität verlieren, Abheben, Davon schweben, Verklärung, Wirklichkeitsflucht, Sentimentalität.
Violett	Inspiration, Mystik, Verzauberung, Meditation, Erleuchtung.	Melancholie, Depression, Lethargie, Bewusstseinstrübung, Dämmerung, Realitätsverlust.
Schwarz	Würde, Ansehen, Unbezwingbarkeit.	Depressivität, Verzweiflung, Trauer, Furcht, Pessimismus, Mutlosigkeit, Angst.
Weiß	Reinheit, Unschuld, Erlösung, Licht, Friede, Demut, Spiritualität, Aufrichtigkeit, Wahrheitsliebe, Makellosigkeit, Einfachheit.	Schwäche, Verletzlichkeit, Feigheit, Blutarmut, Energieverlust, Unreinheit, Unwahrheit.

Die Bedeutung der Kerzen

Kerzen sind ein kraftvolles, Stimmung erzeugendes Medium zur Konzentration. Für Zauber und Rituale unterscheidet man:

Altarkerzen	Es ist üblich, zwei weiße Kerzen zu nehmen und sie in die hinteren beiden Ecken des Altars zu stellen. Sie erhellen und beleuchten den Arbeitsplatz und symbolisieren Anfang und Ende eines Rituals. **Das Anzünden**: **– Bei anziehenden Ritualen**: 1. Kerze links, 2. Kerze rechts **– Bei bannenden Ritualen**: 1. Kerze rechts, 2. Kerze links **– Bei der Meditation**: Bei abnehmendem Mond: 1. Kerze links, 2. Kerze rechts Bei zunehmendem Mond: 1. Kerze rechts, 2. Kerze links
Astrokerzen	Sie repräsentieren die Person, für die das Ritual durchgeführt wird. Die Farbe richtet sich nach dem Sternzeichen bzw. dem Geburtsdatum des Betreffenden. Ist das Geburtsdatum oder Sternzeichen unbekannt, kann man als neutrale Farbe immer Weiß verwenden. **Die Farbzuordnung zu den Tierkreiszeichen**: **Widder** – rot, **Stier** – rotorange, **Zwillinge** – orange, **Krebs** - orange/gelb, **Löwe** – gelb, **Jungfrau** – gelb/grün, **Waage** – grün, **Skorpion** – grau-grün, **Schütze** – blau, **Steinbock** – blau/violett, **Wassermann** – violett, **Fische** – violett/rot
Opferkerzen	Sie sind die wichtigsten Ritualkerzen, deshalb ist ihr Platz immer in der Mitte des Altars. Die Farbe der Opferkerze steht symbolisch für das Ziel, das erreicht werden soll. Für sie ist die Farbe von grundlegender Bedeutung.
Tageskerzen	Tageskerzen müssen nicht, können aber verwendet werden. Sie spenden mehr Licht und können das Ritual kraftvoll unterstützen. Die Wahl der Farbe hängt vom entsprechenden Wochentag und dem regierenden Planeten ab. **Sonntag**: Sonne = gelb, golden **Montag**: Mond = weiß, silbern **Dienstag**: Mars = rot **Mittwoch**: Merkur = orange **Donnerstag**: Jupiter = blau, violett **Freitag**: Venus = grün **Samstag**: Saturn = schwarz

Die Bedeutung der Mondphasen

Um einem Zauber noch stärkere Wirkung verleihen zu können, ist es sinnvoll, die Mondphasen zu beachten und mit einzubeziehen.

Zunehmender Mond: Die Zeit zwischen Neumond und Vollmond begünstigt alle Dinge, die wachsen oder sich vermehren sollen.

Vollmond: Er begünstigt reine Heilungsrituale und Orakel.

Abnehmender Mond: Begünstigt alle Dinge, die schwinden oder sich auflösen sollen.

Neumond: Keine Zauber praktizieren, nur Meditationen.

Schwarzmond: Die 48 Stunden vor Neumond begünstigen schwarzmagische Rituale und Zauber.

Die Bedeutung der Wochentage

Die Wochentage werden von jeweils einem Planeten regiert, dessen Kraft man mit den Tageskerzen unterstützend nutzen kann. Außerdem hat jeder Tag (Planet) einen gewissen Einfluss auf bestimmte magische Themenbereiche, den man beachten sollte.

Tag	Planet	Farbe	Pflanze	Zahl	Themen
Sonntag	Sonne	Gelb, Golden	Lorbeer	6	Heilung, Dank, Hilfe bei Ärger mit Behörden, Geld.
Montag	Mond	Weiß, Silbern	Myrrhe	9	Intuition, Träume, Fruchtbarkeit.
Dienstag	Mars	Rot	Rose	5	Durchsetzung, Kampf, Mut, Bann.
Mittwoch	Merkur	Orange	Zimt	8	Kommunikation, Handel, Heilung, Reisen, Intellekt, Prüfungen.
Donnerstag	Jupiter	Blau, Violett	Moschus	4	Geld, Ausbau magischer Fähigkeiten, Gesundheit, Freundschaft.
Freitag	Venus	Grün	Flieder	7	Liebe, Schönheit, Kreativität, Sexualität.
Samstag	Saturn	Schwarz	Weihrauch	3	Erfolg, Konzentration, Meditation, Bann.

Die Elemente

Der Äther (oder auch Geist) ist das Element, welches alle anderen zusammenhält und verbindet.

Zuordnungen	Äther	Erde	Feuer	Luft	Wasser
Himmelsrichtung:	alle	Norden	Süden	Osten	Westen
Auf dem Altar:	in der Mitte				
Tageszeit:	alle	Nacht	Mittag	Sonnenaufgang	Sonnenuntergang
Jahreszeit:	alle	Winter	Sommer	Frühling	Herbst
Magische Waffe:	alle	Pentakel	Dolch, Schwert	Stab	Kelch
Altargegenstand:	Kristalle	Salz, Erde, Stein	Kerze, Öllampe	Weihrauchgefäß, Räucherstäbchenhalter,	Kelch, Kessel
Andere Erscheinungsformen	Seifenblasen			Federn, Blumen, Musik	
Farben:	durchsichtig bzw. regenbogenfarben	dunkelgrün, braun, schwarz	rot, orange, gelb	weiß, gold, blassgelb, blassblau	dunkelblau, türkis
Erzengel:	alle	A-/Uriel	Michael	Raphael	Gabriel
Griechischer Windgott:		Boreas	Notus	Euros	Cephyrus
Elementarwesen:	alle	Gnome	Salamander	Sylphen	Undinen
Kunstform:		Skulptur, Stickerei	Tanz, Schauspiel	Poesie, Malerei	Musik, Gesang
Mythologisches Tier:		Einhorn	Drache, Phönix	geflügeltes Pferd	Seeschlange
Themen:	alle	Wachstum, Leben	Energie, Kraft	Weisheit, Wissen, Freiheit	Heilen, Stille, Gefühle

Magisches Zubehör

Im Folgenden findest du eine Liste von Gegenständen, die dir als Hexe hilfreich sein können.

Das Athame ist ein Messer oder Dolch (manchmal auch ein Schwert). Es steht für das Element Feuer (somit für die Himmelsrichtung Süden) und die Gefühle. Mit dem Athame werden Kräuter und der Zauberstab geschnitten, der magische Kreis gezogen und Energien gelenkt.

Der Kelch symbolisiert das Element Wasser (und somit für die Himmelsrichtung Westen) und das (intuitive) Wissen um die verborgenen Kräfte. Als Kelch können alle Gefäße betrachtet werden, in denen Wasser, Wein und andere Flüssigkeiten aufbewahrt werden können. Ein Kelch kann auch ein schönes Glas sein.

Der Stab ist das wohl bekannteste Arbeitsgerät. Er ist meistens aus Haselnuss- oder Weidenholz (jede andere Holzart funktioniert aber auch), und misst zwischen 35 cm und der eigenen Schulterhöhe. Er symbolisiert die Luft (und somit den Osten) und den Verstand oder Geist. Mit ihm kann ebenfalls der Kreis gezogen werden. Für manche Hexen ist er als Besen zur Hand.

Das Pentakel ist eine Scheibe, meist aus Holz, auf die ein Pentagramm gezeichnet ist. Es symbolisiert die Erde (und damit den Norden) und die Festigkeit und die Einheit mit der Natur.

Der Altar ist der Arbeitsplatz und zugleich eines der heiligsten Dinge einer Hexe. Er ist die direkte Verbindung zu den Göttern; hier wirkt die Hexe ihre Magie, hält ihre Gebete ab und einiges mehr. Der Altar kann ein kleiner Tisch sein, ein Regal, eine Kommode, sogar ein Baumstumpf. Auf den Altar gehören immer auf jeden Fall eine Decke (weiß oder schwarz), Symbole für die vier Elemente, zwei weiße Kerzen (Altarkerzen), die in den hinteren beiden Ecken stehen, und ein Räucherstäbchenhalter. Du kannst ihn auch mit Blumen und anderen Pflanzen schmücken, ganz so, wie es dir gefällt. Achte aber darauf, dass er nicht zu voll gestellt wird. Vor der allerersten Arbeit sollte der Altar geweiht werden, damit er „einsatzbereit" ist.

Das Räuchergefäß wird verwendet, um Räucheropfer darzubringen, und um eine geeignete Atmosphäre herzustellen. Das Räuchergefäß (genauer gesagt, der Rauch) wird dem Element Luft zugeordnet und damit dem Osten.

Weitere Arbeitsmaterialien sind:

Flaschen, Gläser, Dosen (zum Aufbewahren von Kräutern, Pulvern und Tränken).

Schnüre (in verschiedenen Farben).

Kerzen (in verschiedenen Farben – wenn es geht, möglichst durchgefärbt).

Kräuter, Pflanzen.

Ein Kompass (zur Bestimmung der Himmelsrichtungen).

Leere Hefte oder Bücher (zum Sammeln von Rezepten und Formeln usw.).

Knetmasse (zum Herstellen von Puppen).

Stoff (zum Herstellen magischer Beutel) oder fertige Beutel.

Kreide (in verschiedenen Farben).

Eine kleine Glocke (für manche Rituale).

Eine Robe (ein Kleidungsstück, das du ausschließlich (!) für die magische Arbeit verwendest).

Sternzeichen, ihre Symbole und Zugehörigkeiten

Tierkreis	Datum	Element	Glücksstein	Regent
Widder ♈	21. März bis 20. April	Feuer △	Rubin	Mars
Stier ♉	21. April bis 20. Mai	Erde 🜃	Hyazinth	Venus
Zwilling ♊	21. Mai bis 21. Juni	Luft 🜁	Edeltopas	Merkur
Krebs ♋	22. Juni bis 22. Juli	Wasser ▽	Smaragd, Perle, Mondstein	Mond
Löwe ♌	23. Juli bis 23. August	Feuer △	Diamant	Sonne
Jungfrau ♍	24. August bis 23. September	Erde 🜃	gelber Saphir	Merkur
Waage ♎	24. September bis 23. Oktober	Luft 🜁	Padparadscha	Venus
Skorpion ♏	24. Oktober bis 22. November	Wasser ▽	Granat	Mars
Schütze ♐	23. November bis 21. Dezember	Feuer △	Lapislazuli, Saphir	Jupiter
Steinbock ♑	22. Dezember bis 20. Januar	Erde 🜃	Spinell	Saturn
Wassermann ♒	21. Januar bis 19. Februar	Luft 🜁	Aquamarin	Saturn
Fische ♓	20. Februar 20. März	Wasser ▽	Amethyst	Neptun, Jupiter

Regenten-Tabelle

(Die angegebenen Zeiten sind Winterzeiten. Im Sommer eine Stunde dazu zählen).

Stunde	Sonntag	Montag	Dienstag	Mittwoch	Donnerstag	Freitag	Samstag
0-1	Sonne	Mond	Mars	Merkur	Jupiter	Venus	Saturn
1-2	Venus	Saturn	Sonne	Mond	Mars	Merkur	Jupiter
2-3	Merkur	Jupiter	Venus	Saturn	Sonne	Mond	Mars
3-4	Mond	Mars	Merkur	Jupiter	Venus	Saturn	Sonne
4-5	Saturn	Sonne	Mond	Mars	Merkur	Jupiter	Venus
5-6	Jupiter	Venus	Saturn	Sonne	Mond	Mars	Merkur
6-7	Mars	Merkur	Jupiter	Venus	Saturn	Sonne	Mond
7-8	Sonne	Mond	Mars	Merkur	Jupiter	Venus	Saturn
8-9	Venus	Saturn	Sonne	Mond	Mars	Merkur	Jupiter
9-10	Merkur	Jupiter	Venus	Saturn	Sonne	Mond	Mars
10-11	Mond	Mars	Merkur	Jupiter	Venus	Saturn	Sonne
11-12	Saturn	Sonne	Mond	Mars	Merkur	Jupiter	Venus
12-13	Jupiter	Venus	Saturn	Sonne	Mond	Mars	Merkur
13-14	Mars	Merkur	Jupiter	Venus	Saturn	Sonne	Mond
14-15	Sonne	Mond	Mars	Merkur	Jupiter	Venus	Saturn
15-16	Venus	Saturn	Sonne	Mond	Mars	Merkur	Jupiter
16–17	Merkur	Jupiter	Venus	Saturn	Sonne	Mond	Mars
17–18	Mond	Mars	Merkur	Jupiter	Venus	Saturn	Sonne
18-19	Saturn	Sonne	Mond	Mars	Merkur	Jupiter	Venus
19-20	Jupiter	Venus	Saturn	Sonne	Mond	Mars	Merkur
20-21	Mars	Merkur	Jupiter	Venus	Saturn	Sonne	Mond
21-22	Sonne	Mond	Mars	Merkur	Jupiter	Venus	Saturn
22-23	Venus	Saturn	Sonne	Mond	Mars	Merkur	Jupiter
23-0	Merkur	Jupiter	Venus	Saturn	Sonne	Mond	Mars

Das Pentagramm

Das Pentagramm, auch Drudenfuß, Drudenkreuz, Alpfuß oder Maarfuß genannt, ist eines der stärksten und beliebtesten heidnischen Symbole, das gleichermaßen von Hexen und Ritualmagiern gebraucht wird. Es verkörpert die vier mystischen und alten Elemente Erde, Feuer, Wasser und Luft, die allesamt vom Geist, auch Äther genannt, gekrönt werden.

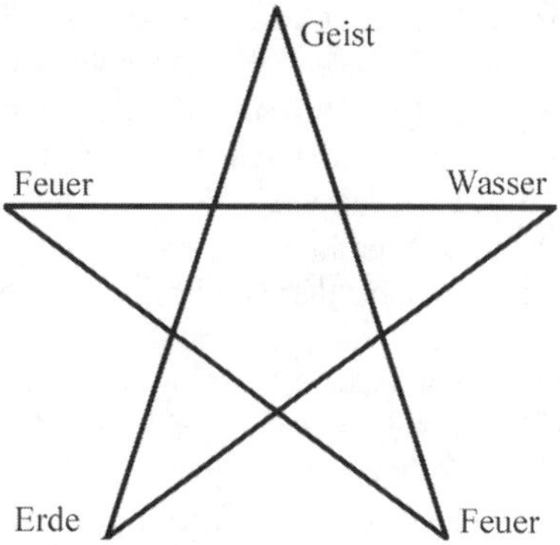

Mit der Spitze nach oben gezeichnet symbolisiert es die menschlichen spirituellen Bestrebungen. Der Geist, die Seele, der Wille herrscht über den Körper.

Mit der Spitze nach unten, wie es im Satanismus oder manchmal in der schwarzen Magie verwendet wird, symbolisiert es, dass der Körper über den Geist herrscht.

Das Pentagramm kann je nach Zweck verschieden gezogen werden. Wichtig ist jedoch, dass man während des Ziehens nicht absetzen oder korrigieren darf. Es muss in einem Zug gezeichnet werden.

Man unterscheidet allgemein nur zwei Pentagramme:

– das anrufende Pentagramm, um Energien anzuziehen:

– das bannende Pentagramm, um Energien zu vertreiben, zu bannen:

Der magische Kreis

Der magische Kreis (oder auch Schutzkreis) ist eines der Rituale, die man wohl als erstes lernt und ausführt. Er dient dazu, den Arbeitsplatz (und auch uns selbst) vor negativen Einflüssen von außen zu schützen, und soll somit eine Umkehrung oder negative Beeinflussung unserer Magie verhindern.
Zweitens hält der Kreis die Kräfte und Energien in sich fest, so dass sie sich nicht einfach wieder auflösen.
Drittens ist er so etwas wie ein heiliger Ort, ein Tempel.
Ein magischer Kreis wird immer vor einem Ritual oder einem Zauber gezogen und hinterher wieder aufgehoben.
Einen magischen Kreis kann man überall und auf vielfältige Weise errichten, je nach persönlicher Ausrichtung. Seine Größe kann sehr stark variieren, je nachdem, wie viel Platz man zur Verfügung hat; er kann einen ganz eng umfassen, er kann aber auch mehrere Quadratmeter groß sein.
Weil das Errichten eines magischen Kreises sehr individuell ablaufen kann, führen wir hier nur ein Beispiel an; es hat keine endgültige Richtigkeit und kann auch verändert werden.
Du stellst dich in den Osten, streckst deinen Arm aus und ziehst mit Zeige- und Mittelfinger einen Kreis, indem du dich nach Süden, Westen, Norden und wieder nach Osten drehst. Dabei visualisierst du einen silberbläulichen Lichtstrahl, der aus deinen Fingern kommt. Bist du wieder im Osten angekommen, visualisierst du noch einmal den Kreis als Ganzes (du kannst dir auch eine Säule oder eine Kugel vorstellen, in deren Inneren du geschützt bist). Dann stelle dich in die jeweilige Himmelsrichtung und rufe die angehörigen Wächter (siehe Seite 61) um Hilfe und Beistand an. Anschließend ziehe in jeder Himmelsrichtung ein Pentagramm, welches du in Blutrot visualisierst. Nun kannst du mit deinem Vorhaben beginnen.

Das Aufheben des Kreises erfolgt in umgekehrter Reihenfolge; d. h., du verabschiedest zuerst die angerufenen Energien, mit denen du gearbeitet hast, dann entlässt du die Wächter und anschließend gehst du den Kreis gegen den Uhrzeigersinn mit ausgestrecktem Arm ab (im Osten beginnen) und visualisierst, wie der Lichtstrahl und die Pentagramme von deiner Hand aufgesogen werden. Nun erfolgt noch eine kurze Entlassung der Energien, die unbewusst angerufen wurden. Jetzt ist der Kreis gelöst.....

Ganz wichtig: Ein magischer Kreis darf nicht verlassen oder betreten werden (Ausnahme: Tiere und kleine Kinder), da er sonst an Kraft verliert und Einflüsse von „außerhalb“ den Platz verunreinigen würden. Wenn du also wirklich den Kreis verlassen musst, so stelle dir im Osten eine Tür vor, die geschlossen ist. Öffne die Tür mit einer Hand, gehe hindurch und schließe sie gleich wieder. Beim Wiedereintreten verfahre ebenso.

Amulette und Talismane

Talismane und Amulette sind geweihte Gegenstände, die mit positiver Kraft aufgeladen werden, um das Gewünschte anzuziehen oder Böses abzuwenden.

Hierbei kann es sich um alle erdenklichen Gegenstände handeln wie zum Beispiel Edelsteine, Wurzeln, Blumen, Knochen oder Figuren. Sie können gekauft, gefunden oder selbst hergestellt sein.

Ein Amulett ist dazu da, seinen Träger vor jeder Art von Übel zu bewahren. Talismane haben im Gegensatz zu einem Amulett auch die Eigenschaft, ein bestimmtes Gebiet zu schützen, zum Beispiel Wohnung, Firma oder welchen Bereich auch immer der Träger zu schützen wünscht.

Diese Gegenstände werden von den Menschen weltweit seit Jahrtausenden als Schutz, Heil-, Abwehr- und Erfolgsmittel genutzt. Die Wirkung wird umso stärker, je näher sie am bloßen Körper getragen werden. Für Menschen die sich in übernatürliche Welten begeben, sind Talismane und Amulette unverzichtbare Dinge, um sich vor den übermächtigen Einflüssen schützen zu können.

Charm (auch magischer Beutel genannt)

Eine Art des Amulettes ist der magische Beutel. Es ist ein mit verschiedenen magischen Dingen gefüllter kleiner Beutel, der zum Schutz oder um etwas Bestimmtes anzuziehen bei sich getragen wird. Dieser wird geweiht und mit magischer Energie aufgeladen. Sie werden benutzt, um Gefahren oder Unheil abzuwenden oder generell um Glück oder Geld anzuziehen.

Die Inhalte werden nach dem gewünschten Zweck ausgesucht, zum Beispiel Symbole, Kräuter, Federn, Steine.

Traumkissen

Ein Traumkissen wird nach indianischer Überlieferung angefertigt. Es soll guten Schlaf und schöne, prophetische Träume herbeiführen. Einigen Traumkissen werden auch heilende Kräfte zugeschrieben. Es gibt verschiedene Möglichkeiten, ein Traumkissen herzustellen, d. h., die Füllung des Traumkissens hängt davon ab, wofür es genau benötigt wird.

Kapitel 2: Meditation

Allgemeines zur Meditation

Meditationen sind dazu da, um innere Ruhe zu finden und das seelische Gleichgewicht zu stabilisieren. Mit ihrer Hilfe kommen wir in den Zustand der Trance, die Ebene, auf der Hexen und Magier ihre Zauber und Rituale abhalten. Allgemein unterscheidet man zwei Arten der Meditation, die aktive und die passive.

Bei der aktiven stellt man sich bewusst Bilder, Personen oder andere Dinge vor.

Bei der passiven lässt du die Gedanken einfach fliegen, kreisen. Diese Art der Meditation wird angewandt, wenn man von seinem Unterbewusstsein Antworten zu einer bestimmten Frage erhalten möchte.

Um zu meditieren, musst du erst einmal innerlich zur Ruhe kommen. Die nachstehende Übung verhilft dir dazu:

Sorge dafür, dass du einige Zeit absolut ungestört bist (Telefon und Klingel abschalten, evtl. dein Zimmer abschließen).

Setze dich bequem auf einen Stuhl oder auf den Boden.

(Wenn du magst, zünde dir eine Kerze und Räucherwerk an, und/oder lasse leise, entspannende Musik im Hintergrund laufen).

Schließe die Augen. Atme langsam und gleichmäßig.

Lasse deine Gedanken fließen, versuche nicht, sie festzuhalten.

Lasse innerlich los, entspanne den Körper und achte nur auf deinen Atem.

Zähle, während du atmest.

Atme ein, zähle dabei bis 4, halte den Atem an, zähle dabei bis 2, atme aus, zähle dabei bis 4.

Dann halte den Atem wieder bis 2 an und beginne mit dem Einatmen und Zählen von vorne.

Mache diese Übung etwa zehn Minuten lang. Öffne die Augen, schüttle dich und schreibe deine Empfindungen nieder.

Du solltest diese Atemmeditation so oft wie möglich machen, mindestens einmal am Tag.

Die nachstehende Meditation gehört zu den aktiven Meditationen. Sie funktioniert durch das Imaginieren von Bildern, d. h., man stellt sich bewusst Bilder, Szenen, usw. vor.

Am besten beginnt man damit, sich erst einmal einzelne Farben vorzustellen. Begib dich in eine meditative Stimmung. Schließe die Augen und versuche, dir eine weiße Wand vor dir vorzustellen. Wenn du die Wand deutlich siehst, stelle dir andere Farben vor, die die Wand füllen. Rot, Gelb, Blau, Schwarz, Lila usw.

Wenn dir das gut gelingt, kannst du beginnen, Formen zu imaginieren: ein Quadrat, ein Kreis, Oval, was immer dir einfällt. Versuche immer komplexere, feinere Bilder vor deinem inneren Auge entstehen zu lassen.

Noch ein kleiner Tipp: Wechsle nicht zu schnell die Objekte, sondern übe an einem, bis du es wirklich klar und deutlich sehen kannst.

Sobald du Formen imaginieren kannst, nimm dir ein Bild (vielleicht eine schöne Tarotkarte?), schau es dir an und versuche, es mit deinem inneren Auge klar zu sehen.

Die Imagination ist eine Vorstufe zur Visualisation. Die Visualisation bezieht nicht nur Bilder mit ein, sondern auch Gerüche, Geräusche, Gefühle, Bewegung und mehr. Die Visualisation ist die Technik, die bei Zaubern und Ritualen eingesetzt wird.

Den inneren Lehrer finden

Für diese Meditation ist es erforderliche, das du eine zusätzliche Person dabei hast, die dich führt.

Leg dich auf den Boden, lockere die Kleidung und entspanne dich...

...lass den Boden dein Gewicht tragen und Atme einige Male tief durch, um alle Spannungen in deinem Körper zu lösen...

...stell dir vor, du bist auf einer Wiese. Es ist ein warmer Sommertag; betrachte die Pflanzen um dich herum, fühle die leichte, warme Briese auf deiner Haut...

...am Ende der Wiese findet sich ein Tor. Geh auf das Tor zu und betrete die andere Seite...

...dort befindet sich ein Weg. Sieh dir den Weg an, und entscheide, ob du ihn gehen willst. Wenn ja, folge seinem Lauf...

...er schlängelt sich allmählich auf einen Berg hinauf...

...achte auf alles, was dir auf dem Weg begegnet, Pflanzen, Tiere, die Konsistenz der Luft...

...du gehst langsam den Berg hinauf, die Sonne scheint noch. Nimm dir Zeit, geh dein eigenes Tempo...

...du näherst dich dem Gipfel und bemerkst, das die Luft jetzt klarer, reiner wird, und irgendwoher kommt der schwache Klang von Musik...

...du kommst dem Gipfel immer näher und gleichzeitig wird die Musik immer lauter, sie hört sich an wie das Plätschern einer Wasserquelle...

...schließlich erreichst du den Gipfel, du gehst durch einen Torbogen und gelangst auf einen Tempelhof, in dessen Mitte sich eine Quelle befindet...

...du machst an der Quelle halt, um dich auszuruhen....

...in diesem Moment siehst du eine Gestallt auf dich zukommen....

...es ist dein innerer Führer. Begrüße sie oder ihn und höre zu, was er/sie zu sagen hat....

...du kannst sie alles fragen, was du willst...

...lass dir Zeit, ihn/sie kennen zu lernen...

...wenn du der Meinung bist, das du sie gut genug kennengelernt hast, bitte sie um ein Abschiedsgeschenk und lass dir versichern, das du jederzeit wieder kommen darfst...

...geh nun mit dem Geschenk langsam wieder den Berg hinunter zur Wiese zurück...

...öffne dann die Augen und komm ins Zimmer zurück. Schreibe deine Erfahrung auf.

Je öfter du diese Person besuchst, desto tiefer wird euer Verhältnis werden.

Meditation, um deine Kraft zu sehen

Spreche zunächst den folgenden Text in beruhigendem Tonfall auf einen Kassettenrecorder und halte bei laufender Aufnahme die angegebenen Pausen ein.:

(2 Min. Pause).

Lege dich auf den Boden, schließe die Augen und entspanne dich. (2 Min. Pause).

Denke an nichts, an gar nichts, einfach nur entspannen. (2 Min. Pause).

Führe deine rechte Hand, an die Stelle, wo dein Herz schlägt, und spüre deinen eigenen Herzschlag. (1 Min. Pause).

Einfach nur spüren und an nichts denken. Spüre, wie mit jedem Herzschlag dein Blut fließt, spüre es. (1 Min. Pause).

Spüre, wie dein Blut deinen Kopf erreicht, und jede einzelne Kammer durchflutet. Du bist Teil deines Blutes und siehst die Kammer, wo deine magischen Kräfte verborgen sind. (1 Min. Pause).

Du siehst sie alle und vertraust auf sie. Es wird dir jede einzelne Kraft gezeigt, wenn du willst. (2 Min. Pause).

Wenn es dir reicht, so gehe als Bestandteil des Blutes wieder zurück. Zurück zum Herzen, du spürst; dass du wieder da bist. Du fühlst dich wohl und gelassen. Verbleibe nun noch ein wenig in der Lage. (5 Min. Pause).

Nun stehe auf, und schreibe das, was du gesehen hast, auf.

Tipp: Am besten dunkelst du den Raum ab und lässt nur eine Kerze brennen.

Hinweis: Die in Klammern stehenden Texte NICHT! Mitsprechen.

Kapitel 3: Kräuter und Gewürze

Hier ist eine Auswahl von Kräutern und Gewürzen, die hilfreich sein können. Diese Pflanzen dienen nicht nur dem Würzen von Speisen, sondern auch für magische Rituale und Rezepte. Diese Liste erhebt keinen Anspruch auf Vollständigkeit und sollte nach eigenen Erfahrungen erweitert werden.

Anis wirkt beruhigend auf den Magen und auf die Bronchien. Als Räucherung eignet er sich gut gegen Wut und Ärger.

Basilikum ist nicht nur ein sehr aromatisches Gewürz, es wirkt auch hervorragend zur Vertreibung von schlechten Energien. Zu diesem Zweck wird es hauptsächlich als aufgebrühter Sud im Putzwasser verwendet oder als magisches Öl auf die Haut aufgetragen.

Beifuss ist ein bewährtes Mittel gegen negative Einflüsse von außen. Am besten räuchert man getrockneten Beifuss. Als Kräutersäckchen bei sich getragen schützt es vor negativen Schwingungen und Boshaftigkeiten anderer Menschen. Beifuss gilt als menstruationsfördernd und hilft bei der Geburt.

Bilsenkraut sollte auf keinen Fall eingenommen werden. Als Räucherung kann es zu Ekstase führen und zukunftsweisende Träume ermöglichen.

Eberesche vor der Haustür gepflanzt, wehrt sie schlechte Träume ab und beschützt die Haustiere.

Eisenkraut ist das heilige Kraut der Antike. Schon bei den Ägyptern wurde es als wirksamste Pflanze der Magie angesehen. Es war der Göttin Isis geweiht. Eigentlich gibt es nichts, gegen das es nicht hilft. Es kann sowohl zur Intensivierung von Liebesgefühlen als auch für Reichtum, Gesundheit und vor allem zur Förderung der Intuition eingesetzt werden.

Engelwurz wird in einem Kräutersäckchen unter das Kopfkissen gelegt und begünstigt es, im Traum Kontakt mit dem Schutzengel aufzunehmen oder prophetische Träume zu haben. Als Räucherung oder einfach in die Ecken gestreut zieht es Engelsenergien an. Das ätherische Öl des Engelwurzes ist auch ein Aphrodisiakum, es hat nahezu die gleichen Bestandteile wie das tierische Moschusöl.

Farn pflanzte schon Hildegard von Bingen im Mittelalter rund um ihren Kräutergarten, um böse Geister und Dämonen fernzuhalten. Farn ist die absolute Glückspflanze. Sie soll zu Reichtum verhelfen und allgemeines Wohlbefinden fördern.

Geranie fördert die Kreativität und unterstützt liebevolle Gedanken.

Hanf kann man nicht nur, verbotenerweise, rauchen; Hanfsamen zum Räuchern sind frei käuflich und haben auch eine aufheiternde Wirkung.

Hanf regt zu Liebesspielen und intuitiven Voraussagen an. Hanf gilt als DIE älteste Liebespflanze der Welt.

Iris wird für magische Zwecke hauptsächlich als Wurzel verwendet. Geräuchert oder als ätherisches Öl hilft sie, Blockaden abzubauen und das innere Gleichgewicht zu stabilisieren. Sie wird auch gerne bei Liebesangelegenheiten eingesetzt. Einziger Nachteil: Iris ist sehr teuer!

Johanniskraut ist das Notfallkraut für alle Lebenslagen. Diese Pflanze wirkt stimmungsaufhellend und antidepressiv. Es ist ein ideales Mittel gegen Liebeskummer.

Kamille ist die Heilpflanze schlechthin. Egal, ob als Tee getrunken, geräuchert oder als ätherisches Öl, sie beruhigt nicht nur die Organe, sondern auch erhitzte Gemüter, und wirkt wie Balsam für die Seele.

Kampfer in jeder Form erhöht den Herzschlag. Er erhellt die Sinne und schafft Klarheit. Mit Kampfer sollte man vorsichtig sein: Schon zwei Gramm davon haben eine äußerst starke Wirkung und rufen euphorische Gedanken hervor. Für die Liebe ist Kampfer gänzlich ungeeignet, er bewirkt eine Lustzügelung (was manchmal auch sehr hilfreich sein kann *grins*).

Kardamom wirkt stimmungsaufhellend und entkrampfend.

Lorbeer ist die absolute Erfolgspflanze. Ebenso schützt er vor bösen Geistern und Dämonen, weshalb er früher als Siegeskranz getragen wurde, um die Geister der Neider abzuwehren.

Myrrhe reinigt und öffnet spirituelle Ebenen. Das ätherische Öl klärt den Sinn für Schönheit und Liebe.

Petersilie ist extrem aphrodisierend.

Rose ist die höchste Liebespflanze. Sie öffnet das Herz und lässt dadurch unendliche Liebe in jeder Beziehung, nicht nur der sexuellen, zu. Die Rose ist am wirksamsten als ätherisches Öl: In Badeöle, Bodylotions oder Parfüms gemischt bewirkt sie bei dem Menschen, der diese angewendet hat, eine liebevolle Ausstrahlung.

Rosmarin: Sein Rauch vertreibt böse Geister, sein ätherisches Öl regt den Kreislauf an. Es gilt als Verjüngungsmittel, da es alle Zellen des Körpers aktiviert und Falten beseitigt. Wo Rosmarin zu Hause ist, da gibt es auch Feen und Kobolde.

Salbei ist auch als Heilpflanze bekannt. Er wirkt harn- und menstruationstreibend, gegen Magen- und Verdauungsprobleme und stärkt die Nerven. Als Räucherung reinigt er die Atmosphäre von negativen Schwingungen.

Sandelholz (weißes) ist pur zwar schwer zu bekommen, aber sein Duft ist wundervoll. Die meisten Räucherstäbchen und Räucherkegel enthalten Sandelholz. Reines Sandelholz wird hauptsächlich im Yoga und im Tantra eingesetzt.

Vanille: Der süße Duft der Vanilleschote oder des ätherischen Öls der Vanille verleiht einem das Gefühl des Wohlbefindens und der Geborgenheit. Sie fördert aber auch die Menstruation und Blutzirkulation im Allgemeinen.

Wacholder gilt überall als Mittel, um wirkungsvoll Dämonen, Geister und Teufel zu vertreiben. Wacholderblätter kann man auch im frischen Zustand gut räuchern, der Duft ist äußerst aromatisch.

Weihrauch: Das Harz des Baumes ist eines der beliebtesten Räuchermittel überhaupt. Der würzige Rauch stellt die Verbindung zwischen der materiellen und geistigen Welt dar, er inspiriert, erhellt unsere Sinne, schützt und reinigt.

Wermut ist nicht nur als Schnaps oder Likör bekömmlich. Die Blätter, als Räucherung verwendet, regen an. Das ätherische Öl oder auch der Saft der Pflanze haben eine belebende Wirkung sowohl für Magen und Darm als auch für Inspiration und Sexualität.

Zedernholz wird hauptsächlich als Räucherung verwendet und bewirkt eine harmonische, klare Atmosphäre. Ein Stückchen Zedernholz im Kleiderschrank vertreibt die Motten.

Zimt fördert die Meditation. Mit Hilfe dieses Gewürzes gelingt es sehr schnell, einen Trance ähnlichen Zustand zu erreichen. Hellseherische Fähigkeiten werden durch Zimt unterstützt. In manchen Kulturen wird er für Reinigungszeremonien verwendet.

Kapitel 4: Schutzmagie

Grundlagen der Schutzmagie

Wer beginnt, sich mit magischen Techniken und Ritualen zu befassen, sollte sich in erster Linie mit Schutztechniken auskennen. Schutz – wozu und wovor? Die wichtigsten Bereiche sind der Körper und Geist des Magiers selbst. Es muss ganz selbstverständlich sein, ihnen besondere Aufmerksamkeit zu schenken.

Nun gilt es in der magischen Praxis weniger, gegen Gegner aus Fleisch und Blut anzutreten, sondern die Gefahren liegen eher im psychischen und physischen Bereich der Person des Magiers. Verwirrtheitszustände, Krankheit, Energieverlust und Halluzinationen sind häufige Auswirkungen, die auf Unvorsichtigkeiten bei der magischen Arbeit zurückzuführen sind.

Was kann man/sollte man also tun?

Als erstes wären tägliche Schutzrituale, wie das **Kleine bannende Pentagrammritual**, anzuraten (s. nächster Abschnitt).

Mit Schutzritualen kann man nicht nur sich selbst, sondern auch die Wohnung, das Haus oder auch andere Personen schützen.

Eine weitere Möglichkeit, sich zu schützen, ist das Tragen von Amuletten.

Ein besonderer Schutz für magische Praktiker ist das „andere Ich". Hierzu erschafft man ein Abbild seiner Selbst, z. B. eine Puppe aus Knetmasse, die mit eigenen Haaren, Finger- und Zehennägeln und Körpersekreten versehen wird. Diese Puppe wird auf den eigenen Namen getauft . Sie wird in einem Ritual mit der eigenen Lebensenergie (Atem) belebt und soll fortan die fremden Energien, die an den Magier gerichtet sind, anziehen. Sie wird in eine Kiste gelegt und an einem nahen und doch fernen Ort wie z. B. der Keller aufbewahrt. Diese Puppe muss von Zeit zu Zeit von diesen Energien gereinigt werden.

Eine gute Methode, um Räume von negativen Energien zu befreien, ist das Einsetzen eines dunklen Steins oder Kristalls. Man bearbeitet ihn in einem Ritual so, dass er alle negativen Energien in sich sammelt. Der Stein muss von Zeit zu Zeit gereinigt werden.

Das kleine bannende Pentagrammritual

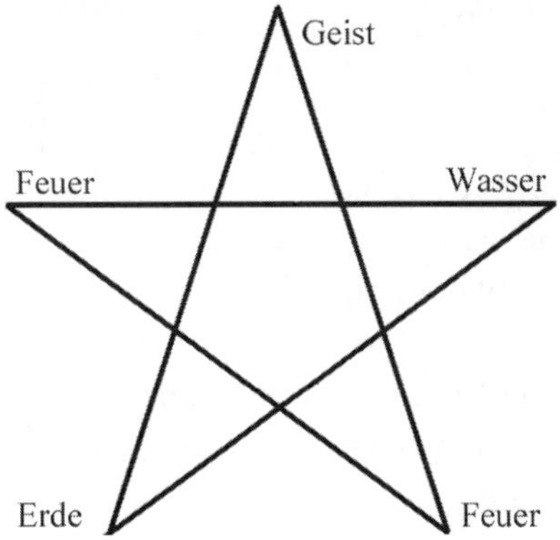

Es gibt viele Varianten dieses Rituals, aber sie unterscheiden sich nur minimal.

Ausführung:

Der Magier steht nach Osten gewandt mit ausgestrecktem Zeige- und Mittelfinger oder einem magischen Dolch. Dann führt er die folgenden Operationen durch.

1. Kabbalistisches Kreuz
2. Ziehen des Pentagramms und des Kreises
3. Anrufung der Erzengel oder Elemente, Visualisation weiterer Symbole
4. Kabbalistisches Kreuz
5. Entlassungsformel (nur am Ende eines Gesamtrituals)

Hier die verschiedenen Ritualpassagen im einzelnen:

1. Kabbalistisches Kreuz

Ziehe die Energie von oben herab auf die Stirn, berühre die Stirn und vibriere kraftvoll ***Athe***

Ziehe die Energie mit der Hand weiter auf die Brust, berühre sie und vibriere ***Malkuth***

Ziehe die Energie mit der Hand weiter auf die rechte Schulter und vibriere ***VeGeburah***

Ziehe die Energie mit der Hand weiter auf die linke Schulter und vibriere ***Ve Gedulah***

Kreuze die Arme vor der Brust und vibriere ***Le Olam***

Falte die Hände vor der Stirn und ziehe sie hinab zur Brust und sage ***AMEN***

2. Ziehen des Pentagramms und des Kreises

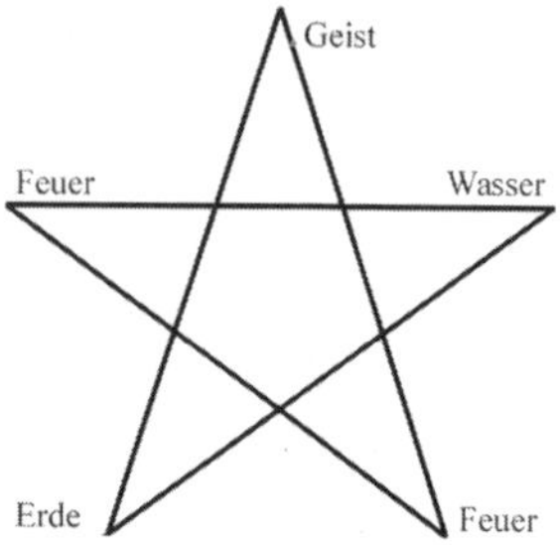

Im Osten stehend, ziehe ein Pentagramm von der Erde über den Äther (Geist) zum Feuer, zur Luft, dem Wasser und zurück zur Erde.
Intoniere dabei: ***JAHVE***
Bewege dich mit ausgestrecktem Arm nach Süden, ziehe das Pentagramm und intoniere: ***ADONAI***

Drehe dich weiter nach Westen, ziehe das Pentagramm und intoniere: ***EHIH***

Drehe dich weiter nach Norden, ziehe das Pentagramm und intoniere: ***AGLAH***

3. Anrufung der Erzengel oder Elemente, Visualisation weiterer Symbole

Drehe dich wieder nach Osten, strecke die Arme zur Seite aus und visualisiere dich als überdimensionales Kreuz. Visualisiere jetzt die Gestalten der Erzengel, dabei ist es dir überlassen, wie die Engel bzw. Hüter in deiner Visualisation aussehen. Visualisiere sie so, wie du sie sieht. Wenn du sie wahrnimmst, vibriere:

Vor mir Raphael
Hinter mir Gabriel
Zu meiner Rechten Michael
Zu meiner Linken Auriel
Um mich herum flammende Pentagramme
Und über mir strahlt der sechszackige Stern.

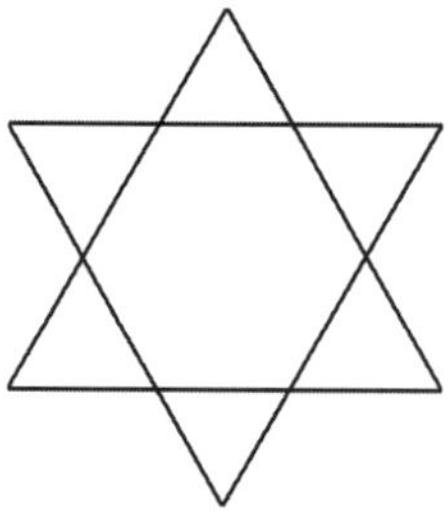

Alternativ zu den Erzengeln, können auch die Hüter der Elemente visualisiert werden. (Die Hüter der Elemente werden in der Regel als Säule in der jeweiligen Elementfarbe oder als Tier, welches dem jeweiligen Element zugeordnet ist visualisiert) Dann sagt man:

Vor mir Herr der Luft
Hinter mir Herr des Wassers
Zu meiner Rechten Herr des Feuers
Zu meiner Linken Herr der Erde

Schutzzauber I

Beginne diesen Zauber an einem Dienstag während einer der folgenden Uhrzeiten (Marsstunden): 0.00-1.00; 7.00-8.00; 14.00-15.00; 21.00-22.00.

Für diesen Zauber benötigt man zwei weiße Altarkerzen, eine Kerze in deiner Astrofarbe[2], ein ätherisches Öl deiner Wahl, ein Kristall deiner Wahl, ein geweihtes Athame.

Beginne, indem du den magischen Kreis mit bannenden Pentagrammen ziehst und die Hüter der Elemente anrufst. Entzünde die Altarkerzen. Salbe die Astrokerze mit einigen Tropfen des Öls und verreibe auch ein oder zwei Tropfen auf dem Kristall. Lege den Kristall vor die Astrokerze. Meditiere ein bis zwei Minuten. Ziehe dann mit dem Athame das bannende Pentagramm über dem Kristall und sprich:

Wall von Kristall, allüberall;
schließe dich rings um mich,
schließe ein mich im Sein.
Überwölbe mich, überforme mich;
Lass nichts herein als Licht, Liebe,
Leben allein.
So ist es und so soll es sein!

Entzünde die Astrokerze und nimm den Kristall in die rechte Hand. Blicke in die Flamme, atme ein, schließe die Augen und visualisiere, wie der Kristall wächst und dich einschließt. Behalte das Bild einige Momente vor deinem geistigen Auge. Lege den Kristall wieder vor die Kerze. Fixiere die Flamme und wiederhole den Spruch zwölf Mal. Visualisiere nochmals, wie der Kristall dich umschließt, hauche ihn drei mal an und sage:

Walte und wirke zu meinem Schutz!

Lasse die Astrokerze abbrennen, lösche die Altarkerzen und verabschiede die Hüter der Elemente.

Wenn du dich angegriffen fühlst, nimm den Kristall zur Hand, und stelle dir vor, wie er dich umgibt und dich abschirmt.

2 Wenn du den Zauber für eine andere Person durchführst, musst du selbstverständlich deren Sternzeichen und alles, was dazugehört (Öl, Kristall), berücksichtigen.

Schutzzauber II

Hierzu benötigst du eine blaue und eine braune Kerze.
Zünde die braune Kerze an und sprich folgenden Zauber:

Mutter aller Wesen, beschützende Herrin, Göttin aller Dinge,
der grauen Wasser und strahlenden Sterne, der braunen, fruchtbaren Erde,
hier ist deine Gnade und der Schutz, den du spendest.

Zünde nun die blaue Kerze an und sprich folgenden Zauber:

Herrin der blauen Himmel und Wasser, des weichen Regens im Walde,
fürsorgliche Mutter, tritt in uns ein und sei mit uns,
auf dass wir stark und sicher seien.
Lass uns kein Leid geschehen von innen oder von außen,
an keinem Ort, zu keiner Zeit.
Umgib uns mit deinem Schutz, deinem Halt, deiner Stärke.
An allen Orten, zu jeder Zeit, lass Böses weit von uns entfernt
und Gutes stets nahe sein. Sei gesegnet.
So sei es.

Schutzritual für Fische-Geborene

Zeitpunkt: Donnerstag, zur Jupiterstunde

Du brauchst: 2 Altarkerzen
1 blaue Kerze
1 Moschusräucherstäbchen
Moschusöl
Salz
ein Blatt Papier
einen blauen Stift
einen Nagel

Lege alles auf deinen Altar und erschaffe einen magischen Kreis. Zünde die Altarkerzen und das Räucherstäbchen an.

Ritze mit dem Nagel folgendes in die blaue Kerze: **Deinen Namen und dein Geburtsdatum,** und dann salbe sie mit dem Moschusöl.

Streue zur Reinigung etwas Salz darüber und sprich:

Ich stehe unter dem Schutz des mächtigen Jupiter!

So soll es sein!

Nun zeichne folgendes auf den Zettel:

und schreibe auf die Rückseite:

Schütze mich vor X (Name des Feindes)!

(Alternativ kannst du auch folgendes schreiben: *Schütze mich vor Feinden!*)

Dann visualisiere, wie du beschützt wirst. Hebe den magischen Kreis auf.

Gehe noch in der Jupiterstunde zu einem fließenden Gewässer und wirf die Kerze und die Reste des Räucherstäbchens hinein.

Trage das Papier ständig bei dir.

Schutzritual für Jungfrau-Geborene

Zeitpunkt: Mittwoch, zur Merkurstunde

Du brauchst: 2 Altarkerzen
1 orangene Kerze
1 Zimträucherstäbchen
Zimtöl
Salz
ein Blatt Papier
einen orangenen Stift
einen Nagel

Lege alles auf deinen Altar und erschaffe einen magischen Kreis. Zünde die Altarkerzen und das Räucherstäbchen an. Ritze mit dem Nagel folgendes in die orangene Kerze: **Deinen Namen und Geburtsdatum**, dann salbe sie mit dem Zimtöl. Streue zur Reinigung etwas Salz darüber und sprich:

Ich stehe unter dem Schutz des mächtigen Merkur!

So soll es sein!

Nun zeichne folgendes auf den Zettel:

und schreibe auf die Rückseite:

Schütze mich vor X (Name des Feindes)!

(Alternativ kannst du auch folgendes schreiben: *Schütze mich vor Feinden!*)

Dann visualisiere, wie du beschützt wirst. Hebe den magischen Kreis auf.

Gehe noch vor Ende der Merkurstunde und vergrabe die Kerze und die Reste des Räucherstäbchens.

Trage das Papier ständig bei dir.

Schutzritual für Krebs-Geborene

Zeitpunkt: Montag, zur Mondstunde

Du brauchst:
2 Altarkerzen
1 weiße Kerze
1 Myrrheräucherstäbchen
Myrrheöl
Salz
ein Blatt Papier
einen silbernen Stift
einen Nagel

Lege alles auf deinen Altar und erschaffe einen magischen Kreis. Zünde die Altarkerzen und das Räucherstäbchen an. Ritze mit dem Nagel folgendes in die weiße Kerze: **Deinen Namen und Geburtsdatum**, dann salbe sie mit dem Myrrheöl. Streue zur Reinigung etwas Salz darüber und sprich:

Ich stehe unter dem Schutz des mächtigen Mondes!

So soll es sein!

Nun zeichne folgendes auf den Zettel:

MOND
O ☽ N
N O
DNOM

und schreibe auf die Rückseite:

Schütze mich vor X (Name des Feindes)!

(Alternativ kannst du auch folgendes schreiben: *Schütze mich vor Feinden!*)

Dann visualisiere, wie du beschützt wirst. Hebe den magischen Kreis auf.

Gehe noch vor Ende der Marsstunde zu einem fließenden Gewässer und werfe die Kerze und die Reste des Räucherstäbchens hinein.

Trage das Papier ständig bei dir.

Schutzritual für Löwe-Geborene

Zeitpunkt: Sonntag, zur Sonnenstunde

Du brauchst:
2 Altarkerzen
1 gelbe Kerze
1 Lorbeerräucherstäbchen
Lorbeeröl
Salz
ein Blatt Papier
einen gelben Stift
einen Nagel

Lege alles auf deinen Altar und erschaffe einen magischen Kreis. Zünde die Altarkerzen und das Räucherstäbchen an. Ritze mit dem Nagel folgendes in die gelbe Kerze: **Deinen Namen und Geburtsdatum**, dann salbe sie mit dem Lorbeeröl. Streue zur Reinigung etwas Salz darüber und sprich:

Ich stehe unter dem Schutz der mächtigen Sonne!

So soll es sein!

Nun zeichne folgendes auf den Zettel:

```
SONNE
O   N
N ☉ N
N   O
ENNOS
```

und schreibe auf die Rückseite:

Schütze mich vor X (Name des Feindes)!

(Alternativ kannst du auch folgendes schreiben: *Schütze mich vor Feinden!*)

Dann visualisiere, wie du beschützt wirst. Hebe den magischen Kreis auf.

Lasse die Kerze abbrennen und die Reste des Räucherstäbchens verbrenne.

Trage das Papier ständig bei dir.

Schutzritual für Schütz-Geborene

Zeitpunkt: Donnerstag, zur Jupiterstunde

Du brauchst:
2 Altarkerzen
1 blaue Kerze
1 Moschusräucherstäbchen
Moschusöl
Salz
ein Blatt Papier
einen blauen Stift
einen Nagel

Lege alles auf deinen Altar und erschaffe einen magischen Kreis. Zünde die Altarkerzen und das Räucherstäbchen an. Ritze mit dem Nagel folgendes in die blaue Kerze: **Deinen Namen und Geburtsdatum**, dann salbe sie mit dem Moschusöl. Streue zur Reinigung etwas Salz darüber und sprich:

Ich stehe unter dem Schutz des mächtigen Jupiter !

So soll es sein!

Nun zeichne folgendes auf den Zettel:

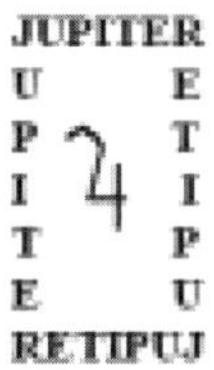

und schreibe auf die Rückseite:

Schütze mich vor X (Name des Feindes)!

(Alternativ kannst du auch folgendes schreiben: *Schütze mich vor Feinden!*)

Dann visualisiere, wie du beschützt wirst. Hebe den magischen Kreis auf.

Lasse die Kerze abbrennen und die Reste des Räucherstäbchens verbrenne.

Trage das Papier ständig bei dir.

Schutzritual für Skorpion-Geborene

Zeitpunkt: Dienstag, zur Marsstunde

Du brauchst:
2 Altarkerzen
1 rote Kerze
1 Rosenräucherstäbchen
Rosenöl
Salz
ein Blatt Papier
einen schwarzen Stift
einen Nagel

Lege alles auf deinen Altar und erschaffe einen magischen Kreis. Zünde die Altarkerzen und das Räucherstäbchen an. Ritze mit dem Nagel folgendes in die rote Kerze: **Deinen Namen und Geburtsdatum**, dann salbe sie mit dem Rosenöl. Streue zur Reinigung etwas Salz darüber und sprich:

Ich stehe unter dem Schutz des mächtigen Mars!

So soll es sein!

Nun zeichne folgendes auf den Zettel:

MARS
A ♂ R
R   A
SRAM

und schreibe auf die Rückseite:

Schütze mich vor X (Name des Feindes)!

(Alternativ kannst du auch folgendes schreiben: *Schütze mich vor Feinden!*)

Dann visualisiere, wie du beschützt wirst. Hebe den magischen Kreis auf.

Gehe noch vor Ende der Marsstunde zu einem fließenden Gewässer und werfe die Kerze und die Reste des Räucherstäbchens hinein.

Trage das Papier ständig bei dir.

Schutzritual für Steinbock-Geborene

Zeitpunkt: Samstag, zur Saturnstunde

Du brauchst:
2 Altarkerzen
1 schwarze Kerze
1 Weihrauchräucherstäbchen
Weihrauchöl
Salz
ein Blatt Papier
einen schwarzen Stift
einen Nagel

Lege alles auf deinen Altar und erschaffe einen magischen Kreis. Zünde die Altarkerzen und das Räucherstäbchen an. Ritze mit dem Nagel folgendes in die schwarze Kerze: **Deinen Namen und Geburtsdatum**, dann salbe sie mit dem Weihrauchöl. Streue zur Reinigung etwas Salz darüber und sprich:

Ich stehe unter dem Schutz des mächtigen Saturn!

So soll es sein!

Nun zeichne folgendes auf den Zettel:

```
SATURN
A    R
T ♄  U
U    T
R    A
NRUTAS
```

und schreibe auf die Rückseite:

Schütze mich vor X (Name des Feindes)!

(Alternativ kannst du auch folgendes schreiben: *Schütze mich vor Feinden!*)

Dann visualisiere, wie du beschützt wirst. Hebe den magischen Kreis auf.

Gehe noch vor Ende der Saturnstunde und vergrabe die Kerze und die Reste des Räucherstäbchens.

Trage das Papier ständig bei dir.

Schutzritual für Stier-Geborene

Zeitpunkt: Freitag, zur Venusstunde

Du brauchst:
2 Altarkerzen
1 grüne Kerze
1 Fliederräucherstäbchen
Fliederöl
Salz
ein Blatt Papier
einen grünen Stift
einen Nagel

Lege alles auf deinen Altar und erschaffe einen magischen Kreis. Zünde die Altarkerzen und das Räucherstäbchen an. Ritze mit dem Nagel folgendes in die grüne Kerze: **Deinen Namen und Geburtsdatum**, dann salbe sie mit dem Fliederöl. Streue zur Reinigung etwas Salz darüber und sprich:

Ich stehe unter dem Schutz der mächtigen Venus!

So soll es sein!

Nun zeichne folgendes auf den Zettel:

VENUS
E ♀ U
N N
U E
SUNEV

und schreibe auf die Rückseite:

Schütze mich vor X (Name des Feindes)!

(Alternativ kannst du auch folgendes schreiben: *Schütze mich vor Feinden!*)

Dann visualisiere, wie du beschützt wirst. Hebe den magischen Kreis auf.

Gehe noch vor Ende der Venusstunde und vergrabe die Kerze und die Reste des Räucherstäbchens.

Trage das Papier ständig bei dir.

Schutzritual für Waage-Geborene

Zeitpunkt: Freitag, zur Venusstunde

Du brauchst:
2 Altarkerzen
1 grüne Kerze
1 Fliederräucherstäbchen
Fliederöl
Salz
ein Blatt Papier
einen grünen Stift
einen Nagel

Lege alles auf deinen Altar und erschaffe einen magischen Kreis. Zünde die Altarkerzen und das Räucherstäbchen an. Ritze mit dem Nagel folgendes in die grüne Kerze: **Deinen Namen und Geburtsdatum**, dann salbe sie mit dem Fliederöl. Streue zur Reinigung etwas Salz darüber und sprich:

Ich stehe unter dem Schutz der mächtigen Venus!

So soll es sein!

Nun zeichne folgendes auf den Zettel:

VENUS
E ♀ U
N N
U E
SUNEV

und schreibe auf die Rückseite:

Schütze mich vor X (Name des Feindes)!

(Alternativ kannst du auch folgendes schreiben: *Schütze mich vor Feinden!*)

Dann visualisiere, wie du beschützt wirst. Hebe den magischen Kreis auf.

Gehe noch vor Ende der Venusstunde und vergrabe die Kerze und die Reste des Räucherstäbchens.

Trage das Papier ständig bei dir.

Schutzritual für Wassermann-Geborene

Zeitpunkt: Samstag, zur Saturnstunde

Du brauchst: 2 Altarkerzen
1 schwarze Kerze
1 Weihrauchräucherstäbchen
Weihrauchöl
Salz
ein Blatt Papier
einen schwarzen Stift
einen Nagel

Lege alles auf deinen Altar und erschaffe einen magischen Kreis. Zünde die Altarkerzen und das Räucherstäbchen an. Ritze mit dem Nagel folgendes in die schwarze Kerze: **Deinen Namen und Geburtsdatum**, dann salbe sie mit dem Weihrauchöl. Streue zur Reinigung etwas Salz darüber und sprich:

Ich stehe unter dem Schutz des mächtigen Saturn!

So soll es sein!

Nun zeichne folgendes auf den Zettel:

und schreibe auf die Rückseite:

Schütze mich vor X (Name des Feindes)!

(Alternativ kannst du auch folgendes schreiben: *Schütze mich vor Feinden!*)

Dann visualisiere, wie du beschützt wirst. Hebe den magischen Kreis auf.

Gehe noch vor Ende der Saturnstunde und vergrabe die Kerze und die Reste des Räucherstäbchens.

Trage das Papier ständig bei dir.

Schutzritual für Widder-Geborene

Zeitpunkt: Dienstag, zur Marsstunde

Du brauchst: 2 Altarkerzen
1 rote Kerze
1 Rosenräucherstäbchen
Rosenöl
Salz
ein Blatt Papier
einen schwarzen Stift
einen Nagel

Lege alles auf deinen Altar und erschaffe einen magischen Kreis. Zünde die Altarkerzen und das Räucherstäbchen an. Ritze mit dem Nagel folgendes in die rote Kerze: **Deinen Namen und Geburtsdatum**, dann salbe sie mit dem Rosenöl. Streue zur Reinigung etwas Salz darüber und sprich:

Ich stehe unter dem Schutz des mächtigen Mars!

So soll es sein!

Nun zeichne folgendes auf den Zettel:

MARS
A ♂ R
R A
SRAM

und schreibe auf die Rückseite:

Schütze mich vor X (Name des Feindes)!

(Alternativ kannst du auch folgendes schreiben: *Schütze mich vor Feinden!*)

Dann visualisiere, wie du beschützt wirst. Hebe den magischen Kreis auf.

Lasse die Kerze abbrennen und die Reste des Räucherstäbchens verbrenne.

Trage das Papier ständig bei dir.

Schutzritual für Zwilling-Geborene

Zeitpunkt: Mittwoch, zur Merkurstunde

Du brauchst: 2 Altarkerzen
1 orange Kerze
1 Zimträucherstäbchen
Zimtöl
Salz
ein Blatt Papier
einen orangenen Stift
einen Nagel

Lege alles auf deinen Altar und erschaffe einen magischen Kreis. Zünde die Altarkerzen und das Räucherstäbchen an. Ritze mit dem Nagel folgendes in die orange Kerze: **Deinen Namen und Geburtsdatum**, dann salbe sie mit dem Zimtöl. Streue zur Reinigung etwas Salz darüber und sprich:

Ich stehe unter dem Schutz des mächtigen Merkur!

So soll es sein!

Nun zeichne folgendes auf den Zettel:

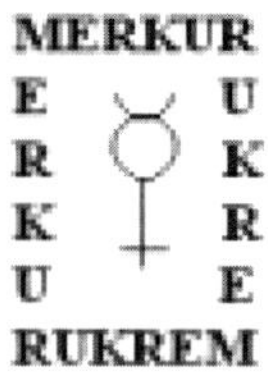

und schreibe auf die Rückseite:

Schütze mich vor X (Name des Feindes)!

(Alternativ kannst du auch folgendes schreiben: *Schütze mich vor Feinden!*)

Dann visualisiere, wie du beschützt wirst. Hebe den magischen Kreis auf.

Gehe noch vor Ende der Merkurstunde und vergrabe die Kerze und die Reste des Räucherstäbchens.

Trage das Papier ständig bei dir.

Kapitel 5: Räucherungen

Die jeweilige Menge der einzelnen Teile richtet sich nach der Gesamtmenge der Räucherung.

Planeten-Räucherungen			
Planet	**1. Rezept**	**2. Rezept**	**3. Rezept**
Sonne	3 Teile Weihrauch 2 Teile Myrrhe 1 Teil Aloe 1/2 Teil Balsamstrauch 1/2 Teil Lorbeer 1/2 Teil Gartennelke Ein paar Tropfen Amberöl Ein paar Tropfen Olivenöl		
Mond	2 Teile Weihrauch 1 Teil Sandelholz Ein paar Tropfen Eukalyptusöl Ein paar Tropfen Jasminöl Ein paar Tropfen Kampferöl		
Merkur	2 Teile Benzoe 1 Teil Muskatblüte 1/2 Teil Majoran Ein paar Tropfen Lavendelöl	2 Teile Benzoe 1 Teil Weihrauch 1 Teil Muskatblüte	2 Teile Sandelholz 1 Teil Gum Mastix 1/2 Teil Lavendel Ein paar Tropfen Lavendelöl
Pluto	2 Teile Angelikawurzel 1 Teil Copalharz 1 Teil Myrrhe		
Jupiter	2 Teile Aloe 1 Teil Benzoe 1 Teil Styrax oder Gum Arabicum 1/4 Teil Eschensamen Ein paar Tropfen Olivenöl 1 Prise Lapislazulipulver	3 Teile Weihrauch 1 Teil Muskatblüte 1 Teil Kardamom 1/2 Teil Balsamstrauch 1 Prise Safran Ein paar Tropfen Amberöl	1 Teil Gewürznelken 1 Teil Muskatnuss 1 Teil Zimt 1/2 Teil Limonenstrauch 1/2 Teil Zitronenschale

Venus	3 Teile Aloe 1 Teil Rosenblüten Ein paar Tropfen Olivenöl Ein paar Tropfen Moschusöl Ein paar Tropfen Amberöl	1 Teil Veilchen 1 Teil Rosenblüten 1/2 Teil Olivenblätter	2 Teile Sandelholz 2 Teile Benzoe 1 Teil Rosenknospen Ein paar Tropfen Patchoulieöl Ein paar Tropfen Rosenöl
Mars	4 Teile Benzoe 1 Teil Piniennadeln oder Pinienharz Ein wenig schwarzen Pfeffer	2 Teile Drachenblut 1 Teil Kardamom 1 Teil Gewürznelken	
Saturn	2 Teile Weihrauch 2 Teile Mohnsamen 1 Teil Gum Arabicum 1 Teil Myrrhe 1/2 Teil Tabak Ein paar Tropfen Olivenöl	1 Teil Pfefferwurz 1 Teil Tabak 1 Teil Myrrhe Ein paar Tropfen Muskatöl	
Uranus	2 Teile Mastix 2 Teile Weihrauch 1 Teil Myrrhe 1 Teil Eichenrinde		
Neptun	1/2 TL Myrrhe 1 1/2 TL Kopalharz 1 TL Sandelholzspäne 1 TL getrocknetes Irisches Moos 3 Tropfen Eichenmoosöl		

Schutzweihrauch

1. Rezept	Anweisungen zur Anwendung
6 Teile Olibanum 1 Teil Lorbeerblätter 1 Teil Wacholderbeeren 1 Teil Rosmarin 1 Teil Benediktenkraut 1 Teil Beifuß 1 Teil Schafgarbe 1 Teil Johanniskraut 1 Teil Waldwurz 3 Tropfen Wacholderöl	Zermahle alle Zutaten und mische anschließend das Öl darunter. Diesen Schutzweihrauch kannst du immer verwenden. Er gibt auch Schutz, wenn du keine Zeit für ein ausführliches Schutzritual hast.

Weihrauch für Abwehr- und Bannrituale

2 Teile Salbei 1 Teil Basilikum 1 Teil Drachenblut 1 Teil Lavendel 3 Teile Myrrhe 1 Teil Rosmarin 1 Teil Teufelsdreck	Zermahle und vermische alle Zutaten miteinander zu einem groben Pulver.

Altägyptischer Weihrauch

½ Teil Benzoin ½ Teil Zimt ½ Teil Galgant ½ Teil Weihrauch 1 Teil Myrrhe 3 Tropfen Honig 3 Tropfen Lotusöl 1 Tropfen Rosenöl 1 Prise pulverisierte Schwertlilienwurzel	Vermenge in einer großen Schüssel mit bloßen Händen alle Zutaten. Füge anschließend die Öle hinzu. Verschließe anschließend die Schüssel und lasse die Masse zwei Wochen an einem dunklen Ort reifen. **Anwendung:** Zermahle die Masse zu Pulver. Dieser Weihrauch eignet sich für Liebeszauber und als Altarweihrauch um ägyptische Energien anzuziehen.

Hekate-Weihrauch

½ Teelöffel getrocknete Lorbeerblätter ½ Teelöffel getrocknete Minzeblätter ½ Teelöffel getrockneter Thymian 1 Prise Myrrhe-Harz 1 Prise Weihrauch-Harz 13 Tropfen Zypressenöl 3 Tropfen Kampferöl	Zerstoße mit Mörser und Stößel die Lorbeer- und Minzeblätter und den Thymian, bis sie fast pulverisiert sind. Unter diese Mischung rühre das Myrrhe- und das Weihrauchharz. Zuletzt füge die Öle hinzu und vermische alles. Bewahre die Mischung in einem luftdichten Gefäß auf, und lasse sie vor der Verwendung mindestens zwei Wochen reifen. **Anwendung**: Verbrenne diesen Weihrauch während des Hekate-Ritus (13. August) zu Ehren der Göttin oder bei Vollmondritualen, um Visionen zu fördern.

Reinigungs-Räucherung		
2 Teile Myrrhe 1 Teil Sandelholz 1 Teil Salbei		
Beruhigungs-Räucherung		
1 Teil Myrrhe 1 Teil Weihrauch 1 Teil Liebstöckel 1 Teil Rosmarin 1 Teil Anis 1 Teil Wacholderbeeren 2 Teile Zedernholz 2 Teile Beifuss 2 Teile Drachenblut 2 Teile Zimt 2 Teil Nelken		

Kapitel 6: Charms

Eine Art des Amuletts ist der magische Beutel (Charm), ein mit verschiedenen magischen Dingen gefüllter kleiner Beutel, der zum Schutz oder um etwas Bestimmtes anzuziehen bei sich getragen wird. Dieser wird geweiht und mit magischer Energie aufgeladen.

Solche Beutel werden benutzt, um Gefahren oder Unheil abzuwenden oder generell um Glück oder Geld anzuziehen.

Die Inhalte werden nach dem gewünschten Zweck ausgesucht, zum Beispiel Symbole, Kräuter, Federn oder Steine.

Charm of Success

Du benötigst: ein goldenes oder gelbes Tuch (ca. 30 x 30 cm)
Lorbeerblätter
Eichenblätter
evtl. einen kleinen Diamanten

Damit ist das Basismodell erstellt; jetzt kommen die Beigaben, je nach Art des gewünschten Erfolges:

für Karriere = Muskatnuss und Salbei
für Handelsgeschäfte = Majoran und Haselnuss
für sportlichen Erfolg = Paprika
für Liebe = rote Rosenblätter oder Kamillenblüten

Good-Dreams-Charm

Du benötigst: genug Kerzen, um den Raum zu erhellen
(Teelichter tun es auch)
Salz
1 Lorbeerblatt
Myrrhe
Weihrauch
Paprikapulver
Wacholderbeeren
Rosmarin
Basilikum
Kamilleblüten
Nelken
Einen schwarzen Stoff- oder Samtbeutel
einen schwarzen Faden

Lege alles bereit auf deinem Altar und zünde die Kerzen (Teelichter) an. Dann schalte das Licht aus und setze dich vor deinen Altar. Meditiere ein wenig über dein Vorhaben.

Reinige den Beutel, indem du ein oder zwei Prisen Salz in ihn hinein streust. Gib dann das Lorbeerblatt hinein (denke dabei an die Kraft der Sonne), dann die Myrrhe (denke dabei an die Kraft des Mondes und seine Herrschaft über die Nacht), dann den Weihrauch (denke dabei an die schützende, bannende Kraft des Saturns) und schließlich das Paprikapulver (denke dabei an die Kraft und den Schutz des Mars). Anschließend visualisiere, wie diese Planeten ihre Kräfte vereinen (als Strahl, der aus dem Beutel das „Böse“ trifft). Denke dann an Schutz, Geborgenheit, Ruhe usw., während du die übrigen Zutaten in den Charm füllst.

Anschließend lege ihn auf deinen Altar, halte beide Hände mit den Handflächen nach unten darüber und sage:

Mond und Sonne rufe ich an,
auch Mars und Saturn befolgen den Bann.
Pflanzen, Kräuter und Götter Macht
Lassen mich friedvoll schlafen bei Nacht.
Meine Träume bewachen sie alle,
auf dass das Böse mich nicht befalle.
Jeder schlechte Traum wird abgewendet von mir.
Mein Wille erfüllt sich jetzt und hier.

Nimm den Charm in die Hand, visualisiere, wie du ohne Probleme schläfst, und binde den Charm mit dem Faden und drei Knoten zu. Dabei sage:

So soll es sein!

Der Charm sollte alle drei Monate ausgewechselt werden.

Charm of Love

Du benötigst:

1 rosa Kerze
1 Duftlampe
Rosenöl
1 roten Beutel
einige rote Rosenblütenblätter
einige rosa Rosenblütenblätter
Flieder
Johanniskraut
Geranienblütenblätter
Petersilie
Vanille
1 Blatt Papier
1 Stift
1 rosa Band

Fertige den Charm an einem Freitag zur Venusstunde an.

Stelle alles auf den Altar und erschaffe einen magischen Kreis.

Salbe die Kerze mit dem Rosenöl.

Zünde die Kerze und die Duftlampe an und gib etwas Rosenöl in die Duftlampe.

Schreibe nun alle Eigenschaften auf das Blatt Papier, die du dir bei einem Partner wünschst. Wenn du fertig bist, zeichne ein Herz drumherum.

Gib die Rosen- und die Geranienblütenblätter in den Beutel sowie den Flieder, das Johanniskraut, die Petersilie und die Vanille. Stecke den Zettel gefaltet in den Beutel und träufle etwas Rosenöl über den Inhalt.

Binde den Charm mit sieben Knoten zu.

Lade den Charm mit Energie auf, indem du ihn in beide Hände nimmst und visualisierst, wie du bei einem Partner, der dich liebt, in den Armen liegst. Dann hauche dreimal auf den Charm und sage:

Feuer, Wasser, Luft und Erde,
helft, dass mein Wunsch Wirklichkeit werde.
So sei es!

Kapitel 7: Rituale und Zauber

Aufbau eines Rituals

1. Reinigung des Raumes und Ziehen des Magischen Kreises:

Der Sinn der Reinigung ist es, den Raum noch einmal von schädlichen Einflüssen zu befreien und den Schnitt zwischen der Alltagswelt und der magischen Welt zu verdeutlichen.

Das Ziehen des Kreises bewirkt eine Abgrenzung des Raumes. Alles, was außerhalb des Kreises geschieht, sollte nicht mehr interessieren. Die ganze Konzentration verlagert sich auf das Zentrum, auf das, was sich in dem Kreis befindet. Ab diesem Zeitpunkt sollte der Kreis nicht mehr verlassen werden.

2. Anrufung der Energie oder Gottform:

Mit Hilfe einer (am besten selbst geschriebenen) Hymne ruft die Hexe/der Magier die entsprechende Energie an und betont deren Vorzüge.

3. Konzentration und Arbeit mit der Energie:

Ziel ist es, in Verbindung mit der Energie zu kommen und mit ihrer Hilfe Zauber zu erwirken oder sonstwie Einfluss auf das Schicksal zu nehmen.

4. Verabschiedung und Danksagung:

Es ist nicht nur eine Sache der Höflichkeit, sich bei den Kräften, die einem helfen, zu bedanken. Schließlich möchte man ihre Hilfe ja noch öfter in Anspruch nehmen. Eine korrekte Verabschiedung soll gewährleisten, dass man am nächsten Tag nicht noch Restenergien im Raum hat, die einem Kopfschmerzen oder Schlimmeres bescheren.

5. Entlassung:

Diese Entlassung bezieht sich auf nicht bewusst angerufene Energien. Jedes Ritual wirkt in der Anderswelt wie ein kleines Leuchtfeuer und die unterschiedlichsten Wesen und Energien werden davon angezogen. Um sie wieder in ihre eigenen Gefilde zurück zu schicken, erweist es sich als nützlich, sie zu entlassen.

Beispiel für eine Entlassungsformel:

> *Hiermit verabschiede ich alle Energien und Wesenheiten, die durch dieses Ritual gebunden wurden. Ziehet hin in Freiheit. Friede herrsche zwischen euch und mir!*

Aufbau eines Zaubers

Zuallererst überlegt man, was man mit seinem Zauber bewirken möchte. Man sollte dabei sogleich mit einbeziehen, dass alles dreifach auf einen zurückfällt. Das Ziel des Zaubers sollte so klar wie möglich formuliert und visualisiert werden.

Als nächstes versucht man, möglichst viele Korrespondenzen mit einzubringen: Farben, Tag, Mondphase, Öle, Kräuter, etc. (Am besten ist, du schreibst es auf, dann kannst du den Ablauf genauer nachvollziehen).

Wenn dies erledigt ist, überlegt man, wie man den Zauber wirken will, ob z.B. mit Kerzenmagie, Knotenmagie, Sigillenmagie oder andere Weise. Nun kannst du dir einen geeigneten Zauberspruch suchen (später kannst du ihn auch selbst kreieren).

Wenn du all dies aufgeschrieben hast, erstelle dir einen Ablaufplan und überprüfe noch einmal alles. (Sieh auch rechtzeitig nach, ob du alles Nötige vorrätig hast).

Dann befolge deinen Plan.

Es ist immer gut, sich vorher auch einen Zauber zu suchen oder zu erstellen, mit dem man notfalls den beabsichtigten Zauber aufheben kann.

Das Kleine Reinigungsritual

Dafür braucht man: 5 Schalen mit Meersalz, ein Glas Wasser

Mache die Himmelsrichtungen ausfindig. Gebe einen Teelöffel Salz in das Wasser, rühre es um und segne es.

Nun dreh dich nach OSTEN, versprenkle etwas Wasser und sage:

Mit Salz und Wasser reinige ich den Osten.

Ziehe mit Zeige- und Mittelfinger ein bannendes Pentagramm.

Wiederhole das in jeder Himmelsrichtung. Anschließend segne das Salz in den Schalen im Namen der Göttin und stelle in jede Himmelsrichtung eine. Die fünfte Schale stelle unter das Bett.

Das Salz bindet negative Energien und nimmt sie auf, daher muss es alle drei Tage ersetzt werden. Sollte dieses Ritual allein NICHT genügen, lege unter jede Schale einen Zettel auf dem steht:

W
WE
WEH
WEHR
WEHRD
WEHRDE
WEHRDEM
WEHRDEMÜ
WEHRDEMÜB
WEHRDEMÜBE
WEHRDEMÜBEL

Den Altar weihen

Du benötigst: Räucherstäbchen oder Räucherung (für das Element Luft)
eine Stumpenkerze (für das Element Feuer)
ein Glas Wasser (für das Element Wasser)
Salz (für das Element Erde)

Zuerst säubere die Oberfläche des zukünftigen Altars. (Wenn du eine Decke verwendest, lege sie danach auf die Arbeitsfläche). Stelle alle Element-Symbole auf den Altar. Schließe nun die Augen und konzentriere dich auf die Weihe.

Entzünde zuerst die Räucherung (das Räucherstäbchen), zeichne damit ein Pentagramm in die Luft über den Altar und stelle dir vor, dass blassblaues Licht den Altar umgibt. Dann sprich:

Element Luft, reinige und weihe diesen heiligen Ort
und gib ihm deine Kraft.
So soll es sein!

Nun entzünde die Kerze, zeichne damit ein Pentagramm in die Luft über dem Altar und stelle dir vor, dass orangerotes Licht den Altar umgibt. Dann sprich:

Element Feuer, reinige und weihe diesen heiligen Ort
und gib ihm deine Kraft.
So soll es sein!

Sprenkle etwas Wasser auf den Altar und stelle dir vor, dass dunkelblaues Licht den Altar umgibt. Dann sprich:

Element Wasser, reinige und weihe diesen heiligen Ort
und gib ihm deine Kraft.
So soll es ein!

Verstreue etwas Salz auf dem Altar und stelle dir vor, dass hellbraunes Licht den Altar umgibt. Dann sprich:

Element Erde, reinige und weihe diesen heiligen Ort
und gib ihm deine Kraft.
So soll es sein!

Halte beide Hände mit den Handinnenflächen nach oben und visualisiere weißes Licht, das vom Himmel in die Hände strömt. Nach ein bis zwei Minuten drehe die Hände um und lasse das Licht aus den Handflächen über den Altar fließen und sich mit allem verbinden. Dann sprich:

Ich habe den Altar gereinigt und geweiht mit den Kräften
der alten und mystischen Elemente Luft, Feuer, Wasser und Erde.
Damit ist er bereit, seine Arbeit aufzunehmen.
Ich übergebe euch den Altar.
Mögen wir durch ihn direkt verbunden sein.
Große Göttin, Schöpferin des Universums und seiner Seele,
ich rufe dich an, segne meinen Altar und nimm dich unser an.

Großer Gehörnter Gott, Vater allen Lebens und allem was danach kommt,
ich rufe dich an, segne meinen Altar und nimm dich unser an!

Erkläre den Göttern, dass der Altar ihnen geweiht ist und sie ihn segnen mögen. Öffne nun die Augen und bedanke dich bei allen Wesenheiten.

Damit ist die Weihe vollendet.

Bannritual

Die beste Zeit für diesen Zauber ist ein Samstag um Mitternacht.

Du benötigst: 2 schwarze Kerzen.
einen Zweig Rosmarin
eine Schere
ein rotes Tuch
einen roten Faden (etwa 20 cm lang)
ein gelbes Blatt Papier
einen roten Stift
eine Schere
etwas Paprikapulver
etwas Rosmarin (das du während des Zaubers bei dir trägst).

Zünde die Kerzen an. Schreibe den Namen der Person, die du bannen willst, auf das Blatt Papier. Wenn du nicht weißt, wie diese Person heißt, schreibe: *Mein Feind.*

Zeichne mit dem Stift die Umrisse einer menschlichen Figur um den Namen und schneide sie aus. Lege die Papierpuppe mit dem Gesicht nach unten auf das Tuch und streue etwas Paprikapulver darüber. Dann bindest du den Faden um die Mitte der Papierpuppe und wickelst sie in das Tuch ein.

Halte die eingewickelte Puppe fest in der rechten Hand, während du folgende Worte sprichst:

Feind, (oder der Name),
deine Macht ist verschwunden,
der Fluch ist gebannt,
der Zauber überwunden.
Dein Blick kann mich nicht mehr erreichen,
Feind, (Name), du wirst für immer von mir weichen.
So soll es sein, von nun bis in alle Ewigkeit!

Wiederhole den Spruch in sieben aufeinander folgenden Nächten jeweils um Mitternacht. Am darauf folgenden Samstag wickle die Papierpuppe aus, zerreiße sie in neun Stücke und verbrenne diese. Verstreue die Asche weit weg von deiner Behausung. Das Tuch werfe in fließendes Gewässer.

Erinnerung verlieren

Du brauchst: 1 weiße Kerze
1 blaue Kerze
1 grüne Kerze
eine Räucherung (z.B. Rose)

Platziere die Kerzen so, dass sie ein nach oben zeigendes Dreieck ergeben (oben - weiß, links - grün, rechts - blau). Die Räucherung platzierst du in der Mitte. Zünde die Kerzen in folgender Reihenfolge an: Blau, Grün, Weiß. Zünde die Räucherung an und sprich folgenden Spruch:

Geschwister der Sonne, Geschöpfe des Lichts,
Geschwister des Mondes, Geschöpfe der Nacht,
nehmt die Erinnerungen an X (Name) und lasst sie mich vergessen,
bannt sie, zerstört sie und ihre Macht!

Visualisiere, wie die Person im Nebel verschwindet.

Kerzen-Heilungszauber

Du benötigst: 2 weiße Kerzen (ritze „Reinheit" hinein)
1 grüne Kerze (ritze „Gesundheit" hinein)
1 Kerze in der Astrofarbe der Person, für die du den Zauber sprichst (ritze den Namen und das Geburtsdatum hinein).

Stelle die weißen Kerzen und die grüne Kerze in Form eines nach oben zeigenden Dreiecks auf. Die Astrokerze stelle in die Mitte.

Zünde alle Kerzen im Uhrzeigersinn an. Dann sprich:

Schmerz und Leid,
Wolken der Dunkelheit,
schwindet dahin, schwindet dahin.

Wie Sandkörner
auf windgepeitschtem Strand,
wascht hinweg, wascht hinweg.

Brennt in weißem Licht,
wenn ich diese Worte spreche,
und weht hinweg,
weht weit hinweg,
wie Asche im Wind.
Die heilende Magie nun beginnt!

Visualisiere, wie die Energie der weißen und grüne Kerze sich mit der Energie der Astrokerze verbindet und diese gemischte Energie die kranke Person wie eine Aura umhüllt und heilt.
Halte diese Visualisation mindestens 10 Minuten aufrecht. dann drücke alle Kerzen aus. Wiederhole diesen Zauber, bis die Kerzen abgebrannt sind.
Die Reste vergrabe in der Nähe des Hauses der Person.

Weiheritual für den Spiegel

Dieses Ritual wird nur einmal durchgeführt, nämlich dann, wenn man den Spiegel für die zukünftige Arbeit vorbereitet.

Du benötigst: 2 Räuchergefäße
Mond- und Neptunräucherung
Mond- und Neptunöl (für die Kerzen und den Spiegel)
1 Glasschale mit klarem Wasser
1 Mondstein
1 silberfarbene Kerze
1 weiße Kerze

Salbe die silberfarbene Kerze mit dem Mondöl und die weiße mit dem Neptunöl.

Erschaffe einen magischen Kreis.

Entzünde die Räucherungen in den Gefäßen und rufe die dabei die Planetenkräfte herbei:

Mond:

Mond, du schimmernder
Mond, du glimmender
Mond und Mondin
Ich rufe dich an.

Segne den Spiegel und
Nimm dich seiner an.

Neptun:

Neptun, du Irrer
Neptun, du Wirrer
Neptun, Neptun
Ich rufe dich an.
Segne den Spiegel und
Nimm dich seiner an.

Lege den Mondstein in die Wasserschale und gib einen Tropfen Mondöl dazu.

Halte die Hände über den Spiegel und sprich folgende Anrufung:

Ihr Geister der Welten, kommt herbei,
habt Teil an Spiegelzauberei;
ich rief den Mond, ich rief den Neptun,

beide mögen nun nicht ruh´n.
Möge der Spiegel sich meiner erfreu´n,
möge ich walten, ohne zu reu´n.
Spiegel, nimm hin nun meinen Rat
Und setze um mein Wort in Tat.
Mögest du immerdar Wahrheit und Eingebung schenken.
Mögest du ein Widerschein des wahren Willens sein
Und mit Kraft und Stärke dienen.
Mögest du in Liebe handeln, als Führer in fremden Welten.
Mögest du fest und beständig bleiben, in Weisheit und Stärke.
So soll es sein!

Befeuchte die Hände mit dem mondischen Wasser. Bestreiche die Rückseite des Spiegels mit den Planetenölen.

Visualisiere, wie sich der Spiegel mit Licht erfüllt.

Der Mondstein wird auf den Spiegel gelegt und bleibt dort für mindestens eine Nacht, besser für neun Nächte.

Danksagung an die Planetenkräfte.

Auflösen des Kreises.

(Nachbearbeitung durch Niederschrift).

Nun ist der Spiegel für seine zukünftigen Aufgaben bereit.

Weiheritual für die Kristallkugel

Du benötigst: 1 Kelch mit Wasser
eine Räucherung, die dir beliebt
1 weiße Kerze

Stelle in die Mitte deines Altars die Kristallkugel. Im Norden deines Altars sollten die Altarkerzen stehen. Den Kelch mit dem Wasser stelle zwischen die beiden Altarkerzen. Die weiße Kerze stelle rechts neben die Kristallkugel. Die Räucherung kannst du platzieren, wo du möchtest, nur nicht an die Stelle, wo du dich vor deinen Altar hinknien wirst.

Zünde nun die beiden Altarkerzen an. Konzentriere dich auf das, was du machen möchtest. Versuche deine Gedanken auf die Kristallkugel zu lenken. Wenn du gewiss bist, dass du genug Konzentration hast, zünde auch die weiße Kerze an und sage, nachdem die Kerze brennt, folgendes:

Du Schein des Lichtes dieser Kerze,
helfe meiner Kugel von Herzen,
dass sie geweiht wird
und ich sehen kann
von nun und in Ewigkeit an.

Wenn du dies gemacht hast, entzünde die Räucherung (die unbedingt eine sein muss, die dir gefällt, die du gerne riechst). Nachdem sich der Geruch der Räucherung im Zimmer verteilt hat, sprich folgendes:

Du Rauch, der mir gefällt,
dein Duft meine Kugel mag erhellen,
damit ich sehen kann
von nun und in Ewigkeit an.

Nun nimm den Kelch in die Hand und tröpfle ein wenig von dem Wasser über die Kugel. Während du dies tust sprich folgende Worte:

Ich weihe dich, du meine Kugel,
mit Wasser, Rauch und Kerzenschein,
damit du mir ermöglichen wirst,
in dir zu sehen, was ich will.

Lasse nun deine Kristallkugel auf deinem Altar stehen, bis die weiße Kerze erloschen ist.

Um die Kugel voll nutzen zu können, setze sie vor dem ersten Gebrauch eine Nacht lang dem Vollmond aus, damit sie sich richtig reinigen und die Göttin ihr ihren Segen geben kann.

Wunschzauber

Du brauchst: 4 Kerzen (für die Elemente)
1 weiße Kerze
1 Stück Papier
1 Stift
1 feuerfeste Schale

Stelle die Elemente-Kerzen in die jeweilige Himmelsrichtung; die weiße stellst du in die Mitte.

Zünde die Elemente-Kerzen an und rufe die Elemente an.

Schreibe deinen Wunsch auf das Papier und falte es einmal.

Zünde die weiße Kerze an und entzünde das Papier an ihrer Flamme.

Lege das Papier in die Schale und sage, während es brennt:

Feuer zerstört und Feuer erschafft;
Das Feuer verzehrt das Papier, doch die Worte bleiben.
Feuriger Vogel Phönix, flieg mit den Worten zum Himmel
Und kehre mit Taten zurück.
So soll es sein!

Visualisiere deinen Wunsch.

Anschließend lösche die Kerzen in umgekehrter Reihenfolge und entlasse die Elemente. Die Asche verstreue in alle vier Winde oder in ein fließendes Gewässer.

Zauber für leichtes Lernen

Du brauchst: 1 gelbe Kerze
einige Lorbeerblätter
ein Räuchergefäß
Räucherkohle
Zimtöl
einen Zettel
einen roten Stift

Nimm eine neue gelbe Kerze und salbe sie mit einigen Tropfen Zimtöl und denke dabei an deinen Wunsch. Stelle die Kerze in die Mitte deines Altars. Stelle das Räuchergefäß mit der Kohle neben die Kerze, den Zettel und den Stift legst du griffbereit auf deinen Altar. Erschaffe einen magischen Kreis, dann zünde die Räucherkohle an und lege einige Lorbeerblätter darauf. Sobald der Rauch aufsteigt, sagst du:

Ich bin frei von Dämonen,
die mich abhalten sollen,
in meiner Prüfung gut abzuschneiden.
So soll es sein!

Visualisiere, wie die Energie, die dich bisher blockiert hat, aus deinem Körper entweicht. Zünde dann die gelbe Kerze an und sage:

Das Licht der Weisheit und des Erfolges
ist mein Begleiter,
dass ich die vor mir liegende
Aufgabe siegreich bewältige.
So soll es sein.

Nun schreibe deinen Wunsch in größtmöglicher Eindeutigkeit (und immer positiv formuliert, also ohne Verneinungen wie "nie", "nicht" usw.) auf den Zettel (formuliere so, als ob du das, worum du bittest, bereits erhalten hast) und unterschreibst ihn mit deinem Namen. Falte den Zettel dreimal und lege ihn unter den Kerzenständer.

Lege nochmals einige Lorbeerblätter auf die Kohle und visualisiere, wie dein Ziel sich erfüllt. Halte das Bild so lange fest, wie du magst. Hebe dann den magischen Kreis auf.

Anschließend beginne mit dem Lernen. (Die Kohle kannst du, wenn sie ausgeglüht ist, vergraben oder in einen Fluss werfen).

Wenn dieser Zauber über eine längere Zeit hinweg ausgeführt werden soll, achte darauf, dass die Kerze groß genug ist, um bis zum Ende brennen zu können. (Du musst das Ritual nur einmal machen, danach reicht es, wenn du die Kerze beim Lernen anzündest)

Am Tag der Prüfung nimm den restlichen Kerzenstummel und pack ihn in die Hosen- oder Rocktasche.

Kapitel 8: Anrufungen

Anrufung der Himmelsrichtungen und ihrer Wächter

Ich rufe die Herrscher des Ostens,
die Mächte der Luft und der Fantasie.
Hört mich!

Ich rufe die Herrscher des Südens,
die Mächte des Feuers und des Gefühls.
Hört mich!

Ich rufe die Herrscher des Westens,
die Mächte des Wassers und der Intuition.
Hört mich!

Ich rufe die Herrscher des Nordens,
die Mächte der Mutter und der Erde.
Hört mich!

Oder sage folgendes:

Euros, Wächter des Ostens, der Luft, ich rufe dich,
komm herbei und schütze diesen Kreis!

Notus, Wächter des Südens, des Feuers, ich rufe dich,
komm herbei und schütze diesen Kreis!

Cephyrus, Wächter des Westens, des Wassers, ich rufe dich,
komm herbei und schütze diesen Kreis!

Boreas, Wächter des Nordens, der Erde, ich rufe dich,
komm herbei und schütze diesen Kreis!

(Drehe dich jeweils in die entsprechende Himmelsrichtung und ziehe entweder das anrufende oder das bannende Pentagramm, je nach Ziel des Rituals).

Natürlich kannst du auch eine andere Anrufung für die Himmelsrichtungen verwenden, wenn du eine hast...

Anrufung der Göttin

Sichelfrau in Sternennacht,
Blumenfrau im prallen Gefild,
Fließende in Meerespracht,
Segnende im Regen mild:
Erhöre mein Singen an diesem Ort,
öffne mich deinem mystischen Schein,
erwecke in mir dein silbernes Wort,
mach mir die Freude, hier bei mir zu sein!
Schöner Mond, ich grüße dich,
Herrscherin der Nacht,
schütze das, was mein und mich,
bis der Morgen tagt.

Anrufung des Gehörnten Gottes

Hornträger in freier Wildnis.
Flügelgott im Himmelsbildnis,
Strahlender im Sonnenschein,
Stürzender im finstren Samhain –
Ich rufe dich an diesen Ort,
gewähre mir mein bittend Wort
und lass den Ritus mir gut gedeihen,
feuriger Herrscher im Sonnenschein!
Uralter Gott im tiefen Wald,
Herrscher über Tierwelt und Sonnenpracht;
Hier, wo die Welt in Schlaf fällt bald,
Jetzt, da das Tagwerk ist vollbracht,
ruf ich dich auf alte Weise.
Tritt du ein in meine Kreise,
meinen Gebeten schenk Gehör
und schick der Sonne Kräfte her!

Anrufung der 4 Erzengel

Dieses Ritual der Anrufung sollte am besten in der Nacht zum Sonntag praktiziert werden.

Du benötigst: 2 Altarkerzen
4 weiße Kerzen
einen Kelch mit Wasser
eine Räucherung (nimm eine, die dir angemessen scheint)

Stelle die weißen Kerzen so auf deinen Altar, dass sie in den vier Himmelsrichtungen stehen. Den Kelch mit Wasser solltest du nach Möglichkeit zwischen die beiden Altarkerzen stellen. Die Räucherung platzierst du so, dass du sie gut entzünden kannst.

Mache nun die beiden Altarkerzen an. Danach zündest du die weißen Kerzen in folgender Reihenfolge an: Norden, Osten, Süden, Westen. Es ist wichtig, dass du die Reihenfolge beim Anzünden der weißen Kerzen beachtest. Danach entzündest du die Räucherung und kniest dich vor deinen Altar (aber so, dass dir der Rauch nicht ins Gesicht kommt). Dann konzentriere dich auf das, was du möchtest, und suche deine Innere Ruhe. Wenn du meinst, dass du sie gefunden hast, sprich folgende Verse:

Erzengel Gabriel, ich rufe dich an,
komm zu mir mit deiner Kraft,
auf dass mein Vorhaben mag gelingen,
damit kein Anderer sie wird verschlingen.

Erzengel Uriel, ich rufe dich an,
komm und hilf mir bei meinem Bann,
der Bann soll nicht Schaden
ein Leben lang.

Erzengel Raphael, ich rufe dich an,
auch du bist gebeten, für meinem Bann,
mir beizustehen, mir zu helfen,
mit deiner Kraft.

Erzengel Michael, ich rufe dich an,
du der letzte Gefallene, komm auch du heran,
damit wird geschehen, was ich heut begehre,
da ich auch dich verehre.

Ihr Erzengel ich flehe euch an,
gebt mir eure Kraft und euren Verstand
damit wird gelingen das, was ich will,
unter eurer Aufsicht da kann nichts geschehen,
da hilf mir auch kein Betteln und Flehen.

Nachdem du die Verse gesprochen hast, nimm einen Schluck aus dem Kelch und lösche die Räucherung mit dem restlichen Wasser, das sich noch im Kelch befindet.

Wenn du das getan hast, sage noch folgendes:

Ihr Erzengel ich danke euch für eure Hilfe,
ihr ward mir gnädig, ihr seid gekommen,
nun dürft ihr wieder von mir gehen,
ihr Erzengel ich danke euch für eure Hilfe.

Kapitel 9: Divination

Divination ist die Kunst, mit unterschiedlichen magischen Mitteln wie z. B. Tarotkarten, Runen, Kristalle usw. seine Wahrnehmung zu schärfen und zukünftige Ereignisse vorauszusehen.
In diesem Kapitel stellen wir dir ein paar Möglichkeiten vor. Natürlich gibt es noch mehr als die hier vorgestellten Techniken.

Die Kerzenschau

Die Kerzenschau ist eher in den Bereich Meditation einzuordnen, da sie sehr an Elementmeditation erinnert.
Stelle eine Kerze vor dich hin, verdunkle den Raum und zünde die Kerze an.
Setze dich bequem hin, erschaffe einen magischen Kreis um dich herum. Schließe die Augen und entspanne dich.
Wenn du bereit bist, öffne die Augen und fixiere die Flamme. Stelle die Augen auf Weitsicht und versuche, in die Flamme hinein zu schauen. Versuche auch hier, möglichst wenig zu blinzeln.
Die Bilder, die erscheinen, sind meist von einer Korona orangenen oder gelblichen Lichts umgeben. Dass sich dabei ein Gefühl der Wärme einstellt, ist nicht ungewöhnlich.
Willst du die Schau beenden, blinzle mit den Augen und strecke deinen Körper. Hebe den magischen Kreis auf, und schreibe alles nieder, was du erfahren hast.
WICHTIG: Die Kerzenflamme darf nicht der Zugluft ausgesetzt sein, da das heftige Flackern die Sicht erschwert!!

Die Wasserschau

Nimm eine Glasschale, stelle sie auf einen dunklen Untergrund und platziere eine Kerze dahinter. Verdunkle den Raum und zünde die Kerze an.
Fülle die Schale mit Wasser und gib einen Tropfen „Meditationsöl“ hinein.
Setze dich bequem hin, erschaffe einen magischen Kreis um dich herum, schließe die Augen und entspanne dich.
Wenn du so weit bist, öffne die Augen und schaue in das Wasser. Stelle die Augen wieder auf Weitsicht und versuche, so wenig wie möglich zu blinzeln. (Die Augen tränen nach einer Weile, oder sie jucken oder brennen; versuche, es nicht zu beachten).
Wenn die Augen sich wieder beruhigt haben, siehst du in der Regel Bilder.
Um die Wasserschau zu beenden, bringe die Wasseroberfläche mit deinen Fingern in Bewegung, blinzle einige Male und strecke deinen Körper. Hebe den magischen Kreis auf.
Schreibe alle Eindrücke, Bilder, Gefühle, usw. nieder.

Kapitel 10: Liebesmagie

Die Liebe finden

Führe dieses Ritual an einem Freitag bei zunehmendem Mond aus. Reibe 6 rosafarbene Kerzen mit je 3 Tropfen Rosenöl ein und stelle sie kreisförmig auf deinen Altar. Lege als Gabe an Aphrodite einige frische Basilikumblätter in eine Schale mit Wasser. Rufe die Hüter der Elemente. Zünde die Kerzen und dazu vielleicht eine Räuchermischung aus Rosmarin, Salbei und Nelken an. Während du dies tust, wiederhole dreimal folgende Anrufung:

Liebe, ich heiße dich kommen.

Komm zu mir mit dem zunehmenden Mond.

So sei es!

Schreibe mit blauer Tinte alle Eigenschaften nieder, die du dir bei deinem Partner wünschst, (dabei ist es egal, ob es eine dir schon bekannte Person ist oder ob du deinen Traumpartner noch nicht kennst). Wenn du fertig bist, falte das Papier und lege es zuunterst in einen Blumentopf mit einer Basilikumpflanze. Gib der Pflanze einen sonnigen Fensterplatz.

Lass alle Kerzen vollständig abbrennen. Schütte das Wasser sowie die Asche im Freien auf die Erde. Danke dabei der Göttin, dass sie deine Sehnsucht nach Liebe erhört hat, und entlasse die Hüter der Elemente und erde die Kraft.

Kümmere dich um deine Liebespflanze. So, wie sie wächst und gedeiht, wird auch deine Liebe gedeihen.

Ritual gegen Liebeskummer

Bester Zeitpunkt: Freitag bei abnehmendem Mond

Du benötigst: eine blaue Kerze
deine Lieblingsräucherung

Zünde die Kerze und die Räucherung an. Rufe nun dienen (ex-) Partner vor dein inneres Auge, verabschiede dich und überlasse ihn dann der Führung durch die Götter.

Sei dir bewusst, dass eure Liebe stärker zu euch zurückkehren wird, wenn sie wirklich zu eurem Besten ist.

Wenn du dieses Ritual der Loslösung durchführst, sprich folgende Anrufung:

Liebste/r, ich lasse dich gehen. Sei frei.
Denn wenn es unser Schicksal ist,
wirst du zu mir zurückkehren.
So sei es!!

Anschließend kannst du deinen Schutzengel rufen, der dich trösten wird.

Ist alles heruntergebrannt, danke der Göttin, dass sie deinen Wunsch aufgenommen hat. Erde die Energie. Führe dieses Ritual so oft durch, wie du magst.

Seine Gefühle zu jemandem trennen

Du benötigst:
Salz
einen Gegenstand, der dieser Person gehört oder mit dem du die Person in Verbindung bringst
etwas, um den Gegenstand zu zerstören
Räucherwerk (außer Rosenduft)
weiße Kerzen

Dieser Spruch ist am wirkungsvollsten, wenn du ihn nachts durchführtst! Nimm so viele Kerzen, dass du den Raum, in dem du dieses durchführen willst, genug erhellst, um den Spruch durchführen bzw. lesen zu können. Zünde nun das Räucherwerk an. Lege den Gegenstand vor dich hin und halte etwas bereit, um ihn zerstören zu können. Nun nimm das Salz in deine recht Hand.

Während du den Spruch sagst, lasse das Salz langsam auf den Gegenstand rieseln. (es ist von Vorteil, während des Rituals ruhige meditative Musik zu hören, die es dir einfacher macht, dich zu konzentrieren). Nachdem du den Spruch aufgesagt hast und alles Salz auf den Gegenstand gestreut hast, musst du ihn zerstören.

Oh Cupido, du Herr der Liebe,
hilf mir, ich will mich befreien,
von meinen Gefühlen.
Jedoch nicht im allgemeinen,
ich will sie verlieren zu ...(Name).
Denn sie quälen mich,
im Geiste und Leben!!
Das soll reinigen meine Seele,
nun ist Schluss mit dem Gerede!
Oh Cupido ich bitte dich
Nimm von mir das quälende Licht!!
So soll es geschehen,
das ist, was ich will!

Dieses Ritual kannst du auch ohne eine Gegenstand durchführen! Nimm anstelle des Gegenstandes einen Bogen Papier, auf das du in dunkler Farbe den Namen der Person schreibst. Der Rest bleibt wie beschrieben.

(Diese Abwandlung des Ritus solltest du allerdings drei bis sechs Mal wiederholen, da er nicht so wirkungsvoll ist, als wenn du einen Gegenstand benutzen würdest).

Ein Zeichen-der-Güte-Zauber

Diesen Zauber kann man anwenden, um eine zerbrochene Freundschaft wieder zu reparieren. Sprich dazu folgenden Zauber über einem Bild oder einem persönlichen Gegenstand der Person, die du wieder als Freund zurückgewinnen willst.

Ein Zeichen der Güte
Möchte ich erhalten
Von (Name)
Er/Sie soll es mir unterbreiten.
Er/Sie liegt mir am Herzen
Damit ist nicht zu scherzen,
als Freund/in wohlgemerkt,
das ist nicht verkehrt.
Ein Zeichen der Güte
Mehr soll es nicht sein,
damit der Kontakt wird
wieder ganz fein.
So soll es sein!

Kapitel 11: Die Dunkle Kunst

Bedenke vorab!

Wer immer einen Zauber wirkt, sollte sich im Klaren darüber sein, dass er es mit seinem Gewissen vereinbaren können muss, wenn er in das Schicksal fremder Menschen eingreift.

Wer glaubt sein Gegenüber sei so gut gegen Beeinflussung geschützt, dass die Energie verstärkt zurückschlägt, oder aber wer Glaubenssätze in sich hat, die ihm nach der Aktion ein schlechtes Gewissen bescheren, der lasse besser die Finger davon.

Im besten Fall wirkt der Zauber nicht, weil die unbewusste Energie dagegen arbeitet, im schlimmsten Fall bringt man sich selbst zu Fall.

Schadenszauber

Wähle die Zeit des abnehmenden Mondes.

Schreibe den Namen der betreffenden Person auf ein kleines Stück Papier. Platziere einen kleinen Kessel zwischen zwei schwarzen Kerzen und eine dritte ein Stück weiter entfernt, so dass ein nach unten gerichtetes Dreieck entsteht, und zünde sie an. Entzünde auch etwas Weihrauch. Verkünde laut, dass alles vorbereitet ist und bereit steht.

Streue mit der linken Hand getrocknete Kräuter in den Kessel (in der rechten halte einen Zauberstab). Dabei gib laut eine klare Formulierung der Idee ab, wie die betroffene Person zu Schaden kommen soll, der Grund, warum dies geschehen soll, muss genauso enthalten sein wie der Name der Person.

Konzentriere deine Gedanken auf das Opfer. Entzünde das Papier an der dritten Kerze und lass es in den Kessel fallen. Fixiere das Geschehen, kreise den Stab gegen den Uhrzeigersinn über dem Kessel und rezitiere einen passenden Zauberspruch (oder einfach deine schlechten Wünsche für das Opfer).

Anschließend wird die Asche mit den Kräutern im Wind verstreut.

Schnelle Rache

Luzifer, du Herr der Nacht
Gib mir Kraft, gib mir Kraft
Mich zu rächen in dieser Nacht
Damit ist schon alles vollbracht.
Erzengel Uriel und Gabriel
Lasst das Rächen schnell gescheh'n
Damit ...(Name), er nicht zu viel
An meinem Rächen wird vergeh'n.
Dank dir, o Luzifer
Mit deiner Hilfe
Und Engelsschar!

Kapitel 12: Die Jahresfeste

Rituale im Jahreslauf

1.	Yule	Fest der Wintersonnenwende um den 21. Dezember
2.	Imbolc	Lichtfest am 2. Februar, Tag der Orakel
3.	Ostara	Frühlingsanfang um den 21. März, Fest der Fruchtbarkeit
4.	Beltane	Walpurgisnacht in der Nacht vom 30. April zum 1. Mai
5.	Litha	Sommersonnenwende um den 21. Juni
6.	Lammas	Erntefest am 1. August
7.	Mabon	Herbstanfang um den 21. September, Erntedankfest
8.	Samhain	Halloween am 31. Oktober, Totenkult

Yule Die Wintersonnenwende entspricht dem Norden, dem Element Erde. Darüber kann man meditieren und das Ritual gestalten. Dabei gibt es keine festgelegten Bräuche, man feiert, wie man es am liebsten mag. Der Altarschmuck sollte aus grünen Kerzen, immergrünen Zweigen, grünen Edelsteinen etc. bestehen.

Imbolc Dieses Lichtfest war einst der Göttin Brigit gewidmet, der Schmiedin und Schutzpatronin der Dichtkunst. Ihr dritter Aspekt ist die Heilkunst, also kann man in das Ritual einen Heilzauber einbauen, der von den chronischen Winterkrankheiten wie Husten, Schnupfen, Gelenkschmerzen befreien wird. Beiwerk zum Ritual ist alles, was weiß ist: weiße Kerzen, Schneeglöckchen, weiße Federn etc.

Ostara Man nimmt für das Ritual das Thema Fruchtbarkeit auf. Eine bestimmte Farbe für das Fest gibt es nicht. Bunte Frühlingsblumen, erste grüne oder blühende Zweige können den Altar schmücken. Wenn man nicht weiß, wie man es anfangen soll, was immer man sich vorgenommen hat, kann man um Unterstützung im Ritual bitten, denn der Beginn des Frühlings ist dem Osten und dem Element Luft gewidmet; ihm zugeordnet ist das scharfe Schwert des Verstandes.

Beltane Die Walpurgisnacht ist eines der größten Hexenfeste. Es ist das Fest des Lebens und der Fruchtbarkeit. Beltane ist zwar nicht unbedingt ein Fest der besinnlichen Rituale, aber man kann in Kreise einiger Freunde seine Wünsche äußern oder Orakel über die Zukunft abhalten.

Litha Die Sonnenwende ist ein Feuerfest. Wenn man sich entschließt, ein rituelles Fest zu feiern, sollte man es in der freien Natur tun, vielleicht an einem Ort der Kraft. Sonnenblumen, erste Rosen, leuchtende Farben, reifes Obst, rote und weiße Kerzen gehören zum Schmuck des Altars. Da die Zeit der Reife beginnt, ist das Fest der Sonnenwende ein guter Zeitpunkt, um das Eingehen einer bleibenden Partnerschaft zu feiern.

Man kann auch eine Licht-und-Schatten-Meditation durchführen, in der man die beiden Seiten einer wichtigen Angelegenheit durchdenkt.

Lammas Die Zeit des Reifens bezieht sich aber nicht nur auf die grünende Natur, sondern auch auf das Bewusstsein des Menschen, und wenn man das Schnitterfest mit einem Ritual feiern will, dann ist es eines, das der Bitte um gelungene Arbeit oder eine erfolgreiche eigene Weiterentwicklung dient. Ähren, Mohnblumen, Kornblumen, Margeriten, sofern man sie noch findet, schmücken den Altar. Man kann einen Sonnengott oder eine Sonnengöttin anrufen und ihn/sie um Hilfe bitten. Bastet, die Katzenköpfige, gehört zu ihnen.

Mabon Wieder sind die hellen und dunklen Stunden gleich verteilt über den Tag. Der größte Teil der Ernte ist eingefahren, der Dank für die Ergebnisse des Jahres steht an. In der hohen Magie wird die folgende Zeit die Periode des Planens und Vorbereitens genannt. Wenn man ein Ritual für diesen Tag plant, sollte es dem Dank für die Ereignisse der vergangenen Monate gewidmet sein. Man listet die Wünsche auf, die in Erfüllung gegangen sind, Zauber, die gewirkt haben. Herbstblumen, buntes Laub, Äpfel und Weintrauben schmücken den Altar. Auf jeden fall sollte ein Kelch nicht fehlen, denn der Herbst beginnt. Ihm zugeordnet ist der Westen und damit der Kelch.

Samhain Eignet sich wie kein anderer Tag für eine Trancereise. Man kann sie zum Mittelpunkt des Rituals machen. Man überlegt sich, zu welchen Ahnen man reisen will; es müssen nicht immer nahe Verwandte sein. Man überlegt sich vorher die Fragen, die man ihnen stellen möchte. Man dekoriert den Altar mit Herbstlaub, Eibenzweigen, Zaubernüssen, roten Kerzen und zündet Räucherwerk an. Man beginnt das Ritual wie üblich und bittet die Ahnen, einen auf der anderen Seite zu empfangen und zu führen. Wenn man zurückkommt, dankt man den Ahnen und öffnet den Kreis.

Schlusswort

So, jetzt bist du am Ende dieses Handbuches angekommen. Du hast jetzt grundlegendes Wissen und kannst dir überlegen, ob du die Magie wirklich für dich anwenden möchtest.

Wenn du noch weitere Fragen haben solltest, kannst du uns gerne unter saphiro.dominicus@uni.de eine E-Mail schreiben.

Einiges von dem genannten Zubehör kannst du auch in unserem Shop unter www.kerzenzauber.net bestellen.

Blessed be,

Saphiro de Mabon & Dominicus da Franzis

Eigene Notizen:

Eigene Notizen:

Eigene Notizen:

Eigene Notizen:

Küchenmagie
von Sor. Conata
Bohmeier Verlag
Schwarze Magie, Hexerei und die Möglichkeiten der Schwarzen Kunst
Bohmeier Verlag
Addressing Power
von Stephen Mace
A Lion's Teeth
Löwenzähne
George Spencer-Brown
Bohmeier Verlag
LAWS OF FORM
GEORGE SPENCER-BROWN
GESETZE DER FORM
BOHMEIER VERLAG
Bohmeier Verlag ...damit Sie erleben, worüber Sie sonst nur lesen!
Fon: 0700-62 44 25 78
Frank Lerch
Nightworks
Die schwarze Magie des Erschaffens
Aktuellste Informationen im Internet: www.magick-pur.de
oder per Mail: info@magick-pur.de
Frank Lerch
Black Light Pleasures
Bohmeier Verlag
CHAOS & HEXENZAUBER
Nicholas Hall
Zaster-Blaster
Das neue Jahrtausend -
Die große Wende
Bohmeier Verlag
Das Luzifer-Ritual
oder
non serviam
Fachbücher über Magie und...
TANTRA
ein Leben
von Andro
Die geheimen Rituale der Dhyani-Buddhas
Bohmeier Verlag
Die geheimen Botschaften,
Manuskripte und Schätze der Templer
in RENNES - LE - CHATEAU
Die Auflösung des kosmischen Geheimnisses das bisher nur Eingeweihten vorbehalten war
von Monika Hauf
DIE RAUSCHDROGEN DER HEXEN
Der Clan der Chaossterne
Bohmeier Verlag
Sigillum²
Potenzierte Sigillenmagie
Bohmeier Verlag
...Alternative Weltsichten

PRINZIPIA DISCORDIA
Die TRAUMmaschinen-PLÄNE
Die VIRTUELLE Mechanik der ZAUBEREI
Das Pentagramm-Ritual
Bohmeier Verlag ...damit Sie erleben, worüber Sie sonst nur lesen!
Bestellen Sie unseren kostenlosen Gesamtkatalog 2002/03
Ängste erfolgreich besiegen
Aktuellste Informationen im Internet: www.magick-pur.de
oder per Mail: info@magick-pur.de
Am Anfang war die Apokalypse
Walter-Jörg Langbein
RAUMFAHRZEUGE DER ZUKUNFT
SIE KAMEN AUS DER ZUKUNFT
BEGLEITER AUS DEM UNIVERSUM
Erinnerungen an Atlantis
Fachbücher für Magie und...
Geheimagenten aus der Zukunft?
Eine Verschwörung wirkt sich rückwärts aus
RÄTSELHAFTE & PHANTASTISCHE Formen des Lebens
GEHEIMPROJEKT MIKROKOSMOS
Geheime Invasion - Die Masken der Fremden
...Alternative Weltsichten